·东北大学技术哲学博士文库·

（第七辑）

名誉主编 陈昌曙 远德玉
主　　编 陈　凡　朱春艳

技术风险认知研究

Research of Technology Risk Perception

徐　旭　著
by XU XU

东北大学出版社
·沈　阳·

图书在版编目（CIP）数据

技术风险认知研究 / 徐旭著. — 沈阳 ： 东北大学出版社，2022. 8
ISBN 978-7-5517-3120-1

Ⅰ. ①技…　Ⅱ. ①徐…　Ⅲ. ①技术风险－认知－研究 Ⅳ. ①F273. 2

中国版本图书馆 CIP 数据核字(2022)第 164896 号

出 版 者：东北大学出版社
地址：沈阳市和平区文化路三号巷 11 号
邮编：110819
电话：024－83683655(总编室)　83687331(营销部)
传真：024－83687332(总编室)　83680180(营销部)
网址：http://www. neupress. com
E-mail: neuph@ neupress. com
印 刷 者：辽宁一诺广告印务有限公司
发 行 者：东北大学出版社
幅面尺寸：170 mm×240 mm
印　　张：12
字　　数：184 千字
出版时间：2022 年 8 月第 1 版
印刷时间：2022 年 8 月第 1 次印刷
责任编辑：杨　坤　刘振军
责任校对：罗　鑫
封面设计：潘正一
责任出版：唐敏志

ISBN 978-7-5517-3120-1　　定　价：50. 00 元

东北大学技术哲学博士文库第七辑编委会

总　　序

“东北大学技术哲学博士文库”在多方努力下终于出版了。这是东北大学文科建设史上的一件幸事，值得祝贺。

东北大学的科学技术哲学博士点自1994年开始招生以来，已有一批博士毕业。他们已经在《自然辩证法研究》《自然辩证法通讯》《科学技术与辩证法》等刊物上发表了一批文章，也有把论文补充修改成为专著出版的，但出书毕竟零散，机会也不多。文科博士论文的创新思想应当在刊物上发表，更为优秀者则应当作为专著出版。已经有不少大学出版了自己的博士文库。我们决定出版自己的博士文库，乃是步其后尘而已。

我们这个博士点是以技术哲学为主要研究方向的，因此名为“东北大学技术哲学博士文库”。出版这个文库的目的，一方面是为了保存和交流研究成果，经受社会检验，鼓励学术研究；另一方面也是为了博士生教育的制度化，推进学科建设。因此，并不是每一位博士的论文都可以成书进入本文库出版，进入本文库必须经过一定的评审程序。出于学科建设的需要，也将把博士生导师有关技术哲学的优秀研究成果纳入本文库出版，当然也须经过评审。

在中国，技术哲学的研究方兴未艾，已有一批博士的研究成果作为专著纳入本文库出版，这是一件令人高兴的事，但这仅仅是开始。希望有更多博士的研究成果面世，这是我们的期待。

出版博士文库需要有好的稿源和认真的编审，还需要有经费的支持乃至有人做组织工作。在本文库出版的时候，应该感谢佟晶石、丁云龙等同志，他们为筹措经费、搞好协调做了大量工作。东北大学出版社为文科学术研究的发展，在经费等诸多方面给予了大力的支持，在此一并表示我们的谢意。

陈昌曙　远德玉

2001年3月19日

主编序语

哲学是人类认识世界、改造世界的重要工具，是建设社会主义物质文明、政治文明、精神文明、社会文明、生态文明的重要理论武器，在认识世界、传承文明、创新理论、咨政育人、服务社会的伟大实践中具有不可替代的重要作用。

肩负繁荣发展我校哲学社会科学的历史使命，伴随东北老工业基地振兴的铮铮鼓点，“东北大学技术哲学博士文库”以高举远慕的心态，慎思明辨的理性，执着专注的意志，洒脱通达的境界，已问世二十载，蔚为大观。这是东北大学哲人“爱智之忧”的精神产儿，是东北大学学子苦心孤诣的汗中之盐。

叶茂缘于根深，流长因为源远。哲学之于东北大学，可谓根深、源远。早在20世纪建校之初，东北大学确立的办学宗旨即“研究高深学术，培养专门人才，应社会之需要，谋文化之发展”，并荟萃了梁漱溟、杨荣国等一批著名哲学大师在东大校园创办哲学系，执鞭育英才，使得东北大学因此成为当时东北地区哲学人才最多、研究水平最高的哲学研究中心和人才培养摇篮。逝者如斯，哲学文脉得传承；历史硝烟，东大学子哲思绵……

沐浴着共和国清晨的曙光，新中国成立后，以著名哲学家陈昌曙教授和远德玉教授为代表的一代哲人，“自强不息，知行合一”，承前启后，继往开来，把马克思主义哲学观运用于“人与技术的关系”领域，批判汲取欧美技术哲学和日本技术论的研究成果，紧密结合中国国情和技术实践，确立了具有东北工业特色和工科院校特点的科学技术哲学研究方向，开创了中国技术哲学研究之先河。特别是在技术本体论、认识论、价值论和方法论等方面，创立了独具特色的技术哲学理论，被学术界誉为中国技术哲学研究的“东北学派”。

回首历史转折之年，东北大学于1978年组建自然辩证法研究室，1984年建立科学技术哲学硕士点，1993年创建科学技术哲学博士点，2004年成为教育部“985工程”科技与社会（STS）哲学社会科学创新基地，2007年被批准为国家重点学科，并获得哲学一级学科博士后科研流动站资格，东北大学科学技术哲学的学科建设与时俱进，蓬勃发展。“宝剑锋从磨砺出，梅花香自苦寒来”。几十年斗转星移，辛勤耕耘、春华秋实：一代又一代专家学者在这片沃土上播种，一届又一届博士、硕士在这个摇篮里成长，一批又一批青年精英在这块园地中成才。如今奉献在学人面前的“东北大学技术哲学博士文库”即历年精英之所存，历届精华之所在。

为体现东北大学哲学文脉的历史传承和与时俱进的理论创新，展示中国技术哲学“东北学派”的代表性研究成果，为国内技术哲学理论工作者特别是优秀博士研究生提供学术争鸣的园地，促进中外技术哲学的学术交流，新世纪伊始，陈昌曙教授和远德玉教授亲自主持“东北大学技术哲学博士文库”(第一辑)的编纂和出版，极大地激发了广大青年学者的学术热情，促进了东北大学科学技术哲学的学科建设，提高了东北大学科学技术哲学博士点在国内的学术影响，增进了东北大学与国内外学术界的交流，谱写了学校哲学社会科学学科建设史上的新篇章。

二十年来，“东北大学技术哲学博士文库”已先后出版六辑，共60部。新一代东大学人继续编纂出版“东北大学技术哲学博士文库”(第七辑)，旨在秉承陈昌曙教授提出的研究纲领，即突出特色——保持在全国同类学科中技术哲学的优势地位；加强基础——不断提高科学技术哲学研究的理论水平；促进应用——注重国家和地方经济社会现实问题研究；扩大开放——增强与国内外学术界的交流合作；不断创新——与时俱进，适应时代发展的新要求。我们将进一步发扬博采众长、汇融百家的开放精神和严谨求实、勤奋钻研的创新精神，展示东北大学青年才俊的学术风采，加强学科与学术队伍建设，促进新生学术力量的成长，使“东北大学技术哲学博士文库”的出版，能与东北大学哲学社会科学的学科建设和中国技术哲学研究的理论创新协同发展。

创造和培育哲学文化精神，需要历代哲人的学术传承与开拓创新；壮大和发展中国技术哲学研究的“东北学派”，也需要东大学子的著书立说和与时俱进。东北大学科学技术哲学研究中心将进一步发扬光大“天行健，君子以自强不息；地势坤，君子以厚德载物”的传统文化精髓，努力为博士精英、青年才俊创造展示学术才华、发表真知灼见的学术园地，为繁荣我国哲学社会科学事业作出新贡献。

陈　凡　朱春艳

2021年10月于沈阳南湖

前　言

人类对周围环境风险的认识和把握是我们建构风险认知的主要方式，从技术的认识论角度来讲，技术风险认知是人类认识技术的第一观感。从中世纪对电的排斥到当代对人工智能的担忧，从 PX 事件到澳大利亚疫苗事件，技术风险认知不仅突破了时间和地域的限制，贯穿着人类与技术相互作用的整个发展历程，在人工智能、基因黑客、元宇宙、人类世等威胁人类生存和主体性的当下，更让我们从 20 世纪初叶提出的风险社会与风险认知理论衍生出对技术风险认知关注的欲求。如果我们在技术史和人类史的长河中稍加回溯便能发现，历史上所发生的每一次技术革新的背后都伴随着人类技术风险认知的改变，可以说，技术风险认知既是过去，又是此在，更是未来。

以往对技术风险认知研究的理论认为风险认知的产生根源主要有两点：其一，技术本身的缺陷以及技术风险的显现性程度；其二，人们趋利避害的心理倾向。因此，应对技术风险认知，其一是通过创新来解决技术问题，其二是利用媒介、信任建构等方式改变人们的心理表征。这两个解决进路分别形成技术风险认知研究领域中以乌尔里希·贝克、保罗·斯诺维克（P. Slovic）和玛丽·道格拉斯（M. Doglas）等为代表的社会学研究学派和以斯鸠伯格（L. Sjöberg）、费斯科霍夫（B. Fischhoff）为代表的心理学研究学派。然而伴随着技术哲学、技术社会学等学科的兴起，在技术异化引起人类对技术本质深度思考的同时，人类与技术、自然三者的关系形成技术哲学的地缘学转向和风险哲学的情感转向，这些重大的学术动态背后都藏有技术风险认知的影子。正如海德格尔曾说过，真正威胁已经在人类的本质处触动了人类。

当然，对技术风险认知的整体性把握需要我们并不能仅从一个学科、一个领域下进行。认知心理学、媒介生态学、技术人类学等交叉学科的兴起和发展为研究技术风险认知提供了新鲜土壤，因此，在本书中我们将看到交叉学科对技术风险认知的理论建构，梳理出语境、认知渗透、技术创新、人类世等近年来活跃问题背后所暗含的技术风险认知。从以上问题的研究中，我们将进一步深化对技术风险认知的由来和作用机制的认识，并通过厘清技术风险认知的环境、驱动机制和社会影响，探讨技术风险认知的负面效果，进而结合多学科理论的研究框架提出相应的解决策略。例如，通过本书第三章第二节的研究我们可以发现在认知渗透过程中，人类是如何被技术所影响和诱导而造成认知的嬗变；在第六章第一节我们将看到物性和价值的改变如何引导人类风险认知变化，导致人类和技术共生所面临的价值论困境等。

这本书的完成源自笔者对认知、意识、具身性和技术之本质的兴趣和长久以来的工作积累。大多数的研究都是在跨学科视域下进行的。在此我要感谢东北大学陈昌曙基金的资助，感谢东北大学科学技术哲学各位老师的指导意见以及感谢东北大学出版社的各位编辑同志辛勤的工作。

我有幸曾在国内外会议上报告了本书的若干内容，每次我都从随后展开的讨论中收获良多，在此一并感谢各位学者给予的修改意见。

徐　旭

2022 年 7 月

目　　录

第一章 导 言

第一节 问题的提出

作为技术风险的前瞻性认识，早在20世纪80年代，技术风险认知的研究在道格拉斯、斯诺维克等学者的引领下逐渐兴起。技术风险认知研究的兴起证明，技术与人类协同演化过程中人类逐渐清晰地认识到一个问题，即什么对人类来说是重要的。简单来说，当世界各国迈入民主社会，作为社会物种，集体关切的问题逐渐成为民主国家行动的指导原则。而人们的认知模式不是拼凑在一起的客观偏好：它们源于社会文化并随之演化，因此，系统地评估技术风险认知（关注评估）的各个方面，并对这些方面在何种程度上符合或违反现有的最佳科学方法做出理性而真实的评估，这样的行为对社会发展来说大有裨益。

不同的技术选择在不同社会群体之间分配风险的程度、机构控制的程度以及自愿接受技术风险的水平，都可以使用适当的研究工具来衡量人们的技术风险认知。对于社会公平和社会进步来讲，科学调查可以确定技术风险认知的维度是否符合或违反科学建构的规则，技术风险认知研究的目的是以各种方式调查人们在描述和评估危险活动和技术时表达的意见，以便协助政府或其他组织进行风险分析和社会决策。

但是公众认识技术的途径和方法有限，在既往研究中，公众便被冠上了非理性的标签。关于技术风险认知的文献表明，人们对技术后果的严重性的平均值往往偏离相同风险的平均值或专家的判断和评估。因此，政府便面临着两难境地：如果政府制定的风险政策仅仅基于专家判断，则可能会失去公众对政府的信心；但如果政府将人们的感性认知纳入到决策，政府需要花费很大精力在降低由决策带来的后续风险上。

毕竟相比较专家而言，大众的技术风险认知掺杂了可能影响人们情绪的相关因素，这也是我们研究情感对技术风险认知影响的原因所在。例如，主体的风险判断可以被放大，由于媒体偏见所导致的启发式判断等。然而从规范科学的角度来看，斯诺维克指出，普通大众能反映出专家风险评估中通常忽略的合理问题[1]。事实上，外行人对风险的判断不仅仅是对风险的感知，它更揭示了对人类至关重要的一系列问题的观点和态度，例如技术进步、自然意义以及公平、收益和风险，这些问题围绕着技术风险认知形成近年来学者们对技术和人类的哲理思索。

正是基于这个理念，通过我们对技术风险认知文献的梳理，技术风险认知的研究形成了以公众为主体的社会研究进路和心理研究进路。内（心理）外（社会）互通的两种研究方式在理论构建和现实应用方面形成了兼容并蓄的局面。

社会研究进路着眼于社会元素对技术风险的建构作用，例如风险的社会放大理论强调大众媒介对风险信息的传播与导向作用；道格拉斯和维尔达夫斯基（Wildavsky）的文化理论提出了技术风险认知在社会文化方面的四个影响因素：社会等级、平等主义、利己主义和宿命论，在此基础上，拉什（S. Lash）从美学视角发展了技术风险认知的文化理论，形成了《自反性现代化》《风险社会与风险文化》等著作。公众的技术风险认知可能会因为自己在社会当中所处的位置而将自我的权重降低，把风险决策权交给专家或者政府，但是公众却缺乏对自身和技术真正的理解，所以他们是否要信任专家和政府成为公众配合风险决策的重点，吉登斯在他的著作《现代性的后果》中强调了风险问题即信任问题，因此在风险社会中，信任问题是风险认知的核心，他把信任定义为对个人或系统的可靠性的信心。那么如何提高大众对专家的信任呢？这就涉及媒介环境和语境的问题。

维特根斯坦曾断言道，我的语言的界限意味着我的世界的界限。确实，并不是我们的大脑在控制语言，而是语言在修造大脑、形成人们的经验世界（如果不考虑认知对经验的渗透作用），而这一点也恰好成为语言最为重要的伦理掣肘，即控制媒介和语境的专家、大众媒介如何在传播风险信息时体现公正与公平？研究指出，公众只会相信他们所相信的事实，而专家不愿意为了解决简单的技术问题而付诸行动，在这个情况下，媒介在风险传播中常常扮演着转述者和翻译者的角色，那么如何规范大众媒介和营造适合公众接受的语境？在娱乐至上的媒介环境下公众如何筛选真实且有价值的风险信息呢？以上三个问题将我们的视角转移到媒介生态学的理论研究中。媒介生态学也译为媒介环境学，是研究媒介与其生存发展环境以及人与媒介环境之间相互关系的科学[2]。作为媒介生态学的两个代表人物，麦克卢汉和尼尔·波兹曼都在研究媒介的基础上延伸出人与技术关系的思考，例如在本书中我们可以看到，尼尔的媒介三部曲提出了人类被技术所操纵的事实，而我们想要了解技术风险认知就不能绕开技术是如何通过语境的建构修造我们的大脑，语言是责任，这一点正是我们从媒介生态学视角探究技术风险认知的缘由。

技术风险认知的心理研究进路更关注主体在面对技术风险时的态度和心理表征。其中摩根（Morgan）所提出的心理模型（mental models）清晰地描绘出如何控制技术风险与收益的过程：第一步，专家评估，归纳科学决策和与之相关的科学知识；第二步，公众评估，将公众的信念特征化。通过以上两个步骤，心理模型将反映出公众在做出有效决策时所欠缺的信息，这样政策制定者的任务就变成如何引导公众的价值取向。显然，摩根的这项研究的利弊是如此明显：有利的方面是可以避免公众在技术风险决策时的失范行为，而相应的缺点是，如果我们将公众的技术风险认知作为可以指导的对象，那么公众对专家的信任是否会体现在对技术的依赖和其他情感因素上呢？

我们知道，人们的信念来自自我所拥有的经验和知识，作为一种环境认知，技术风险认知的形成是通过对外部环境的内化，将感知经验形成认知架构从而作用于主体对技术环境的判断，然而近期的认知心理学指出，人们的感知经验是可以被认知所渗透的，在认知渗透的作用下感知经验将不再是认知的可靠来源和去谬防线。近几年认知渗透引起了哲学界和心理学界的关注，这是因为无论是建构主义还是经验主义都离不开感知经验和经验的内化过程，如果认知可渗透到感知并影响所见和所闻，那么“眼见为实”将不能再作为确证事实的证据。

认知可以拆分为自动的和控制的两个过程，“通过控制过程为意识添加环境，让知觉填补环境所形成的空缺，然后自动过程激活了联想形成了‘单纯联结’，而人们在判断时常常使用自动思维……可能会做出一些比较差的判断和选择”[3]，例如即使眼前的香蕉是绿色的，在某些认知主体看来它仍然是黄色的。因而主体意向的前置性推测会改变技术原本的属性外缘，成为理解技术风险的未知隐患。

拉图尔指出科学从社会发展到实验室，科学的来源已经从经验过渡到了实验，趋于黑箱化的科学使得对于大多数技术风险认知主体而言，正确评估技术风险变得愈加困难。

一方面，人们的技术风险评估存在感性化隐患，这样的结果就是人们的“技术风险评估依据非常狭隘却强大，即恐惧——对伤害、疾病、致死和生存在危险环境的恐惧”[4]。作为一种心理效价，恐惧、失望等负面情感经验具有不合适的原因论。

另一方面，难辨真假的信息所构成的认知会影响人们的感知经验。技术风险认知是人们处理潜在技术风险的物理信号或信息的过程，并依此形成判断是否接受技术的感知，人类的目标指向行为来自就结果而言的预期心理能力和行为表现，期待、知识和目标都能塑造感知，于是人们允许对技术收益有利的信息进入认知，满足人们对技术收益的期待而忽视技术风险，尤其是随着信息量的增加，认知系统会过滤不被经验所接受的信息从而形成认知壁垒。

基于此，认知渗透对于人们的技术风险认知形塑的重要性不置可否，对于因认知渗透所产生的技术风险认知问题也成为提高技术评估的准确性、避免认知异化所必要的考量因素，在本书中我们将在认知渗透的视角下重新审视技术风险认知的心理环境。

马克思曾说过：“哲学家们只是用不同的方式解释世界，而问题在于改变世界。”[5]人类的进步可以被定义为人类通过技术手段而获得的增强，根据人类的目标和技术（手段）的不同，人类的增强有很多种。例如在医学领域，增强通常指的是超越单纯治疗的改善，例如改善个人的基因组成；而以治疗为目的的医疗活动则不属于增强。

如果我们要量化风险对我们本身的威胁，在生活中我们往往会使用类比的方法，这就是为什么技术风险认知影响着人们对技术的态度，把一项技术放在决策制定的议程中，能吸引人们对这项技术的注意力的同时促成对其他隐患的忽略，从而从本质上改变这项技术的命运[6]，人们之所以忽略风险，是因为比起解决风险，解决问题本身就是更大的风险。例如在一项关于三里岛的研究中研究人员发现，即使存在核危险，人们更愿意以获得经济利益来抵抗其他社会风险，这一点我们将在本书中通过“风险的社会化转移”部分详细论述，而笔者要提到的是，在后人类主义者看来，人们的自然躯体或者数万年以来人类与自然的联系本身就是我们要克服的风险，当人类所面临的遭遇无法通过人类“自身”来解决时，后人类主义者转向了技术以替代我们的身体（假体），实现人类真正的自由。

反观人类和自然的关系。2000 年，荷兰大气化学家保罗·克鲁岑提出了人类活动正在成为影响地球的最主要因素，其中最有力的证据就是人类留在地球表面的技术物垃圾已经形成了“金钉子”，为此他提出人类正式进入了人类世时代——与自然能力相媲美的人类活动为主导的地质时代。至今，不少学者认为这是人类现代性的恶果，为了克服现代性的错误，诸如布鲁诺·拉图尔、唐娜·哈拉维、伊莎贝拉·斯蒂格斯（Isabelle Stengers）或彼得·斯洛特迪克（Peter Sloterdijk）等后现代和后人道主义的思想家试图通过构建主体与客体的结合物以对抗人类长久以来的现代性认识论。除了哈拉维，文斯·布鲁克（Vence Blok）提出了一个概念：他将自然和技术作为一个整体，因为技术应该被认为是一种“生态模拟”，最具代表性的例子就是工业——一种技术的集合化模式，巧合的是工业革命恰好是人类世的开始时间，也就是说，当技术成为替代自然的存在时，人类与自然的结合可以被技术所替代。哈拉维将这个过程称为制造亲缘，难道我们真的能在亲缘中走得更远吗？这正是技术风险认知所面临的认识论环境，也是本书所要探讨的问题。

第二节 研究目的和意义

一、理论意义

自工业时期到后工业时期，技术的集成化和模态化促使技术风险不再是单一主体活动的结果转而成为社会组织和系统的产物。戈菲在《技术哲学》中指出，“技术不是以孤立状态存在的，它只能以一种多变复杂的技术集合体形式存在”[7]。借由当代科学和技术系统的组织结构作用下，技术风险呈现虚无化和普遍化的存在倾向，这些特征和吉登斯、贝克所提出的风险社会理论中的风险普遍存在稍有差异，因为我们所要面临的是人工智能、基因编辑等技术的新特征，这些特征的显现正在深刻影响人类与技术的关系。

因此，技术风险认知理论面临两个发展趋势。一方面，如同赫拉克利特所言，事物总在变化发展，人不可能两次踏进同一条河流，人们的认识在不断地随着技术更迭演进而使当代技术呈现出隐形化、智能化、黑箱化，甚至出现了和人类协同演化等种种发展趋势成为技术风险认知研究所面临的新环境和问题。根据吉登斯的说法，技术是新科学的产物，技术风险所带来的结果是未知的，为此吉登斯称之为“人为风险”。

帕特·奥马利（Pat O’Malley）、玛丽安娜·瓦尔弗德（Mariana Valverde）、罗恩·列维（Ron Levi）和道恩·摩尔（Dawn Moore）等学者指出，由于风险是“异质的”和“可变的”技术结果，其特殊表现需要在特定的背景下进行研究。另一方面，因为技术问题并不能在短时间内解决，而无论是从技术的社会化需求还是设计者的角度来讲，改变人们的风险认知成为解决技术问题的蹊径。因此，以往技术风险认知的研究大多基于这个认识论，从启发式直觉到风险可接受度，通过统计学和心理学的方法致力于改变公众对技术风险的态度，以期改变人们对技术风险的认识。但是技术革命不仅深刻地改变人类社会的发展方向，而且变革着人与人、自然、技术的关系，而技术演化所需要的时间不断缩短，意味着人类对技术的认知能力所面临的挑战日益严峻。例如全球变暖、核污染、基因工程和人工智能的伦理失范等技术问题，对人类的认知能力提出更高的要求。闫坤如教授在《技术风险的研究嬗变及其研究趋势探析》中，提出了技术风险认知研究所呈现的多学科交叉研究、多维度、多视角系统化的研究路径。作为人类与技术关系的交叉领域，上述问题成为本书对技术风险认知的研究从媒介生态学、社会学、认知心理学、技术哲学等学科理论中汲取营养，进而形成跨学科交叉研究的理论研究初衷。

例如我们单独考虑技术哲学领域的问题，随着当代技术哲学对伦理的关注，技术风险逐渐成为技术伦理中传统的伦理问题之一，风险越大，造成不良事件的后果和灾难可能性或影响越大。因此，降低风险是技术创新的前提和目标，这一点我们在工程道德规范中可以看到。通常，工程师的责任是降低风险和设计安全产品，但是降低风险并不总是可行或可取的，因为没有绝对安全的产品和技术。即使降低风险是可行的，从道德的角度来看也可能无法接受。降低风险通常是有代价的。更安全的产品可能更难使用、更昂贵或更不可持续。于是对技术风险认知成为技术接受理论的组成而向我们提出这样的问题：什么是足够安全？什么使技术风险可以接受或不可接受？

处理技术风险的过程通常分为三个阶段：技术风险认知、风险评估和风险管理。其中，技术风险认知与道德关系最为密切。因此技术风险认知涉及价值判断，例如，什么样的信息会将分析者（媒介、专家）或者决策者的价值传递给公众，在某种语境下，实际上不存在风险时却因为媒介的渲染造成了人们错估技术风险，核能技术就是典型的例子，冷战时期对核战争的恐惧在今日仍然被媒介津津乐道，技术风险认知不仅旨在建立对科学的认识，而且具有实践目的，即提供知识并因此决定是否需要减少或避免某些技术风险，从而降低风险保护技术主体。

通过将风险与其他风险或某些标准进行比较来判断风险的可接受性是人们判断技术风险的一个方法。例如，将技术风险与自然发生的风险进行比较。但是，这种方法存在自然主义的谬误：因为自然发生的风险是不可避免的，技术掺杂了人类活动，这样技术事件在道德上则不一定会被接受。

技术风险认知的另一个心理方法是风险成本收益分析，该方法基于权衡风险与活动收益之间的关系，根据汉森的研究，人们通常采用以下标准判断技术风险的接受度：当且仅当风险产生的总收益大于总风险（以结果的加权概率对效用度量）时，风险才可以接受。汉森的建议在风险评估中引入了许多道德上的考量，而这些考量在传统上是无法解决的[8]。这些是个人是否从风险活动中获利的考虑因素，以及风险和利益的分配是否公平的考虑因素。

一些学者批评技术伦理中对风险的关注不足，我们经常缺乏在新技术投入使用之前可靠地评估其风险的知识。我们常常不知道某些地方出问题的可能性，有时我们甚至不知道，或者至少不是完全知道什么地方可能出问题以及可能产生什么不良后果。为了解决这些问题，一些学者提议将新技术引入社会作为一项社会实验，并敦促考虑在道德上可接受这些实验的条件[9]。另一些学者则通过改变技术的价值或者创新阶段的责任参与以减少技术风险发生，这些研究已经促成了负责任创新和道德物化理论的形成。

二、 现实意义

当代技术决策需要越来越多的利益相关者参与，在这个背景下公众的技术风险认知与认识具有越来越强的现实意义。在我们改变技术的同时，技术也在修造着我们，技术的变化需要我们重新认识技术风险认知，而且需要从主体论角度来疏解人们对技术风险的观念和看法。这正是本书所要重点解决的问题，即技术是如何造成主体转移、技术风险认知的消除是否意味着技术与人类共生的到来。马尔库塞的《单向度的人》描绘了技术文明掌控了所有人性的现实，弗朗西斯·福山的《我们的后人类未来：生物技术革命的后果》和马克·奥康奈尔的《最后一个人类》提出了技术，特别是基因技术，正在改变人类对自我的认识，而这背后隐藏的正是人类日益嬗变的技术风险认知。因此，技术风险认知不仅是学科问题，更是关系人类和社会命运的问题。技术风险认知并不是拼凑了每个个体的客观偏好，它源于文化并经过社会融合影响技术使用者和技术本身。从理性的观点来看，系统地确定技术风险认知的各个方面并衡量这些方面在何种程度上与现有的科学观点有益于技术的社会化过程随着社会的发展，人们对技术的关注度上升，因此人们对与自己利益相关的社会测量抱有开放的态度，这样我们可以通过统计学和心理学进行科学研究和详细审查，而原则上，不同的技术选择在不同社会群体之间分配风险的程度、机构控制的程度以及自愿接受的风险水平都可以使用适当的研究工具来衡量，技术风险认知研究有助于诊断并解决这些问题。

乌尔里希·贝克和吉登斯认为，新类型的技术风险源于现代化本身，这些风险与社会其他风险是平行的。因此，一部分风险是社会性的，一部分是技术性的，对于行动者理论家来说，正是现代社会无力应对这种混合风险，才导致了危机。从社会因素来讲，技术风险认知受到年龄、性别、受教育程度、个人经验和对公信机构/专家的信任度等因素的影响，在这个方面，技术风险认知的研究学者们长久以来顺着社会学的研究进路积累了许多经验，而我们将借由这些研究继续拓展，从而对技术风险的政策制定提供理论支持。斯科特认为，风险治理的一个关键点是，风险框架依赖于专家知识并赋予其价值，这导致了其他非“专家”声音被淹没和忽视。

施瓦茨在借鉴吉登斯的研究成果基础上，探讨公众对专家系统的信任在风险社会中起到了关键的作用。个别专家是培养对机构真正信任的“切入点”，与专家相处的不良经历会导致对机构的不信任，为此她研究了信任关系中的政治和权力动态，即如果对专家知识的不信任会造成科学发展士气的低落，从而营造出一个不信任的循环。然而，反过来讲，不信任也可能成为公众抵抗精英阶级的源泉，甚至导致积极的社会变革。因此，如何处理专家和公众的认知鸿沟，让传递技术风险的心理架构和语境处于合理的模态，正是技术风险认知研究所蕴含的现实意义，在这一点上我们不得不提到风险传播的功能。

我们认为风险传播是有目的地在利益相关群体之间进行的信息交换。因此风险传播的内容有三个部分：其一，风险的程度（潜在专家与公众的认知鸿沟）；其二，风险的表现形式和信号解读；其三，风险管控的决策、行动和政策目标。由于风险传播决定了政府和公众之间的信任体系建立以及风险的管控，风险传播引起了包括斯诺维克在内的多位技术风险认知专家的关注。

风险传播中的问题综合来说可以分为以下三点。

（1）传播源问题。复杂的科学知识难以从专家直接传递给公众并被公众接受、消化。只有内行才懂的（esoteric）知识形成的知识鸿沟阻碍公众参与风险传播的信息过程并理解相关信息。而大量的信息偶尔充斥着不确定性的数据和资料，这样信息的来源和解读两个关键过程都容易产生问题，引起公众对专家的不信任继而导致公众对专家在风险决策方面所提供意见的抵制。

（2）传播渠道问题。大众媒介对信息是有选择和加工的，偏颇的信息、追求敏感或者戏剧化的传播方式造成了技术风险认知主体的关注点转移和对信息的理解差异（主要和专家相对而言）。

（3）受众问题。不准确的风险认知、对风险漠不关心、对自己能力的过度自信都是人们不接受信息的自身原因。

当代的社会竞争主要是技术竞争，当技术风险成为社会主要防范的对象时，技术风险认知成为各国风险管理软实力方面的重要指标。为了解决上述这些风险传播的问题，许多发达国家出台了一系列应对措施。例如，新加坡的政府综合风险管理框架（WOG-IRM）。WOG-IRM 旨在提升所有政府机关和公众的风险意识，并且系统地界定风险的波及范围和纵深，为此，该框架考虑到各行动者（政府、公众、企业）之间相互协调的问题，也包括了突发医疗事件响应机制。WOG-IRM 框架能够在平时和紧急状态两种情况下发挥作用：在常态下，战略规划办公室、危机委员会（HCMC）、国家安全协调秘书处和财政部成为政策层，其中，战略规划办公室提供监督、指导和审查 WOG-IRM 框架整体进展，每季度为政府各部门的常任秘书召开会议；而在遭遇风险时，危机委员会则接管负责回应新加坡所有的危机情况的管理系统，提供战略和政策指导。它将所有相关行动者纳入到已经建立的框架中共同行动，以完成无缝交流和协调管理风险。

第三节 文献综述

一、国内技术风险认知研究现状

早在20世纪八九十年代，我国就兴起了对技术风险认知的理论研究，虽然这个时间相比国外晚了40余年，但是伴随着一代又一代研究者的不懈努力，我国的技术风险认知研究逐渐建立起了以心理研究进路为主，社会研究为辅的理论研究体系。随着我国民主体系的建立和完善，人民的集体意识更加强烈，逐渐体现出技术风险认知的集体行动指导原则。

从整体上来说，我国最早的技术风险认知研究是从心理研究进路开始的。谢晓非和徐联仓教授早在1995年发表的《风险认知研究概况及理论框架》一文中指出，“心理测量范式是风险认知研究所遵循的理论框架，它提供了一种包含各种心理测量技术的理论思路”[10]。两位教授在此文中还指出风险认知的研究所带来的理论和社会效益：“风险认知研究有助于风险分析，风险评估，风险管理等工作，并制约着有关政策的制定”[10]。因此，风险发生的概率和后果是可估算的，而风险认知“属于心理学范畴”，关乎“大众对客观事物的认知……也涉及大众的理解和支持”[10]。

随着人们对技术风险认知理解的逐渐深入，个体偏好、情感等更加微观的心理学元素进入到研究者的视线中。例如“对于公众而言，愤怒因子不仅仅是指导致民众愤怒的因素，而更多是指影响民众风险认知的因素”[11]；情感因素尤其体现在对主体制定决策时的喜好所产生的偏颇，“研究认为情感是一个方向机制，它能指引人们基本的诸如注意力、记忆的心理过程以及信息的加工过程”[12]。

我们不难看出，技术风险认知的研究意义，至少在20世纪90年代，是推动认知主体接受技术，而技术风险是技术存在的部分，如何了解人们对技术的态度，如何整合人们在决策时受到的影响就是当时技术风险认知研究的主旨。

为了达到这个目的，从技术风险认知研究延伸出来的另一条研究进路则是社会学研究进路，其中主要包括了传播和文化等社会元素对技术风险认知主体所在的信息环境建构及影响。

在工业化时代，技术风险的特性是可见的且可量化的，体现在物理信号和物质属性上，例如，机器发出的怪声、烟囱里冒出的烟等。因此，风险社会的提出在极大程度上来讲是工业化以来技术带来的社会危机。技术风险认知则是人们对技术造成危害性结果的前瞻性认识，是人们内在的心理状态所体现出来的心理表征，所涉及的元素相比较前者则更加庞杂并难以把控。因此，国内学者将技术风险认知也看作风险的一个表现部分，“这类风险的共同特点是客观风险小，而主观风险大”[13]。因此，社会研究进路成为大多数技术风险认知研究学者通过外部的技术环境来了解技术风险主体认知最直接、便捷的方式和方法。

以社会文化为例，同样技术在不同的文化背景下所受到的待遇差异巨大。包括人们对政策制定者的信任度，文化背景、所处的社会等级、经济、媒介环境等更深层的社会文化因素影响着人们的技术风险认知。我们可以将社会成因再细分为两个组成部分：个人和媒介环境。“近来一些研究表明，公众对技术风险的认知水平不仅受风险事件本身、受众个体及二者关系影响，还受到教育背景、职业、生活经验等社会文化建构因素的直接影响。”[14]社会变化不仅使曾经是社会所接受的一定类型的行为成了问题，而且使得那种已经界定了先前社会的道德结构的概念出现了问题，无论是通过修改现存的概念还是创制新概念或摧毁旧概念来进行，都将改变行为并因此形成改变社会的基本力量。人们对技术的看法和随着技术进步而造成的技术风险认知改观就是推动社会文化中概念变革的背后力量。

而媒介环境在20世纪初初露锋芒，成为技术风险的社会放大主要因素。风险的社会放大“是指相对小的风险有时却引发大规模的公众关注和重大社会影响，甚至经由涟漪效应的作用，波及不同的事件、空间和社会制度”[11]，随着媒介技术的进步，包括自媒体等多元化媒体成为技术风险认知存在的新的媒介环境。

自媒体时代的到来为风险放大提供了更多的途径，较之自然风险，技术风险及其影响更容易被放大[15]。因此，风险的社会放大牵扯到许多社会因素的共同参与，例如语境、文化、媒介等，我国的社会实情决定了人们的科学理念不足，决策者对大众的风险认知预估偏低。邱鸿峰等以东山 PX 事件为例，指出了“传播渠道分散造成的监控困难是地方政府低估风险放大的重要原因”[16]。

从这些研究中逐渐显现出我们在本书中关注的两个问题。

其一，风险的社会放大问题的出现并不仅仅是媒介本身或者是决策者单方面造成的，其背后是人类技术使用单一的价值诉求忽视了环境正义和环境公平，更重要的是工具理性的恶性增长将人类与自然的关系一次次陷入到危机的情形中。人类的技术活动成为资本发展的必需，技术进步成为社会的共识却更需要我们反思技术风险认知的嬗变，这个问题也是我们对技术风险认知研究的初衷之一。技术和经济在社会中的关系逐渐缠绕相连，通过经济补偿达到风险与收益分配上的均衡，能够在一定程度上减轻公众对风险的抵制[16]。

其二，风险和收益一直以来存在于社会研究的理论框架中，而最近的文献表明，收益对人们的技术风险认知影响要大于风险，对这个问题的解读需要我们引入认知科学相关的理论。技术风险和收益的不均成为人们技术风险认知的主要来源，从建构论的视角来解释，当代社会并不是风险增加了，而是我们对风险的察觉和认知程度大大增加了[17]。

总体而言，国内已经形成了相对系统的技术风险认知研究的体系和各具特色的研究方向，并形成了风险心理、STS、技术异化、风险评估等与技术风险认知相关的研究视角，丰富了我国技术风险认知的研究进路。

二、 国外技术风险认知研究现状

技术风险的研究起源于 20 世纪 80 年代，最早的技术风险认知研究起源于包括美国社会学家查尔斯·佩罗在内的社会学家从社会心理学的角度对技术在当代社会中所存在的风险的分析，查尔斯·佩罗教授在其 *Normal Accidents—Living with High-Risk Technologies* 中明确阐释了技术风险在当代社会中是无法规避的。之后，西方学者从文化、社会心理以及风险规避等角度解读技术风险并建构应对技术风险的一系列理论，其中影响最为深远的就是乌尔里希·贝克的著作《风险社会》（*Risk Society*）。贝克的观点受到了乔瑟瑞·斯塔（Chauncey Starr）和威廉·劳瑞斯（William Lowrance）的研究启发，他们认为技术和社会的关系日益密切并需要研究，风险的研究进入社会理论后出现了一个上升发展时期，例如帕瑞克·拉格戴克（Patrick Lagadec）提出了风险文明。道格拉斯和维尔达夫斯基则在 1982 年提出风险文化，至此风险社会的研究扩展到社会的各个方面，例如国际金融风险、纳米技术、互联网恐怖活动、社会政治风险以及互联网自由等。在大多数社会语境下，风险指的是一个时间或者活动所导致的可能性负面影响，而不是期待性结果。因此，风险可以被定义为因人类活动所导致的影响人类价值的可能性结果[18]。然而，随着人类和技术的演化，风险可以被衡量和监测，于是风险在新语境下定义为可能会造成严重后果的统计学预测。因此，以道格拉斯为代表的社会功能学派认为风险是社会建构的，他们从主体论视角出发，将风险看作社会化过程的产物。

蒙提·霍尔（Monty Hall）在美国大型游戏节目中常常说这样一句话：每当你前进一步，你都会承受风险。风险一词最早来源于赌博，当人们把手中的筹码押注，无论是否获得收益，他们都处在风险之中。风险认知的起因是人们的恐惧，对受伤的恐惧，对疾病、死亡的恐惧等。在当代技术和工业系统下，风险在自然、社会和技术三个层面相互转化。伊万·伊里奇（Ivan Illich）在 *Medical Nemesis* 中指出，“工业系统已经延伸到社会的所有部门……医疗系统的建立是因为生命受到威胁”[19]，这种转化正是技术风险认知的作用之一。心理学的研究发现，人们会通过比较不同性质、形式的技术风险来提高或降低自我的心理期待，但是作为普通公众，如何在实践中做出决策，尤其是当付出和收益掺杂其中成为技术风险认知研究的心理学进路所关注的问题，这些风险的产生都离不开人们对风险的解读，于是对风险的心理研究逐渐浮出水面。

“众所周知的是参与科学却不了解其背后的理论是很危险的”[20]。“风险认知”这个术语已经成为社会科学研究中的一个标准惯例。随着技术与人类生活之间的关系越来越紧密，“专家和管理者（大部分是工程师、策划者和经济学家）用风险评估和成本效益分析等风险理论形成对技术系统相关构造的评估”[21]。不可否认的是，这两种风险分析理论是人类的社会化产物，随之而来的是，在技术进步过程中所存在的风险认知方面的矛盾心理也被很多相关群体所关注。

于是西方主流技术风险认知研究中出现了风险心理的心理学派研究，我们前面说到，技术风险有一定的物质信号，例如水电站的发电机产生的噪声等，这些物质信号可以被人类感知并且根据科学经验和知识对此类风险进行结果预测和防备。当然，技术物都是天然物的组合体，在没有完全对某种天然物的研究完备的情况下，技术风险可能也是不确定的。既然人们能对技术风险有所预测，那么这种预测是如何形成的呢？这就是风险认知的重要形成因素——风险心理。

风险心理是人们用来判断风险的心理模型和心理机制，例如风险想象。风险心理是文化背景下的判断机制，虽然人们不会用非理性的思维去评估关于技术风险的信息，但是大多数时间他们会遵从相关概念和认知，因此，一旦风险的相关信息被主体接收到，该信息就会帮助接收者形成结论，这个过程叫作启发式直觉。早期的心理学专注于个体对于风险的可能性和结果的不同所塑造的不同心理倾向，而且试图解释为什么个体的风险评估不基于期待价值①，例如产品的可能性和不良后果的大小。公众把以往的技术后果作为风险意识带入到之后技术应用过程中，一方面期待技术改良所带来的有利结果，另一方面根据以往经验判断并放大技术的危险性。如果把风险比作赌博，当赌注带来的失去代价高昂时人们往往是厌恶风险（risk-averse）的，相反如果赌注获得的收益高昂时人们又是风险倾向型的（risk-prone）[22]。然而很多人面对风险所做的策略并不是追求最大效益，而是确保一个满意收益，并避免灾难[23]。

对于期待价值来说，另一个人们惯用的方法是经验法则（rules of thumb），如字面意思所言，人们在做决定的时候根据自身实际经验而不是基于理论，因此经验法则不是很可靠的，尤其是面对技术风险时，复杂的技术所蕴含的大量知识背景往往更是让人们无法做

① 在概率论中，期待价值是一个自变量。换句话说，在技术风险中的期待价值是根据对所有可能性价值的一种不连续数值的平均估计。

出正确决定。因此，国外技术风险认知研究指出当前技术风险认知主体的三个特征。

第一，人们对技术风险所带来的后果往往会高估，使技术的后果往往“高于可能性的危害”[24]，尤其是当某些技术具有散发性，诸如电子辐射、磁场、化学物污染或者水污染等。例如欧盟关于玩具中禁用的邻苯二甲酸盐①，尽管所有的技术专家警告这种物质是致癌的，但是没有已知新闻证实对孩子有不良反应，是否可以使用这个化学物质还是引起了社会强烈的讨论。最终，一些非政府组织和消费者组织根据经验法则决定在玩具中完全禁用这个物质并成功说服欧盟委员会采纳了他们的意见。

第二，技术风险认知中的收益利弊被错估。在很多例子中，人们把高风险总是认为会带来高收益，例如药品的吸收或者饮食的摄入就被认为是利大于弊的[25]。

第三，经验法则使得大众对于技术风险的理解是曲解了专家对风险的解读。与技术风险相关的人越多，这些相关的人就越认为社会需要更多的科学和研究来减少这些风险，例如，在农作物的转基因事件中，很多人不愿意接受转基因食品，除非让他们相信转基因食品危害甚少。经验法则的这些例子向我们展示了风险心理在技术风险认知方面的重要性。

约纳斯将风险总结为五个基本含义。第一，发生不期望发生的事件；第二，造成不期望发生事件的起因；第三，造成不期望发生事件的可能性；第四，对不期望发生事件的统计期望值；第五，在已知概率条件下做出决定的事实。人们创造了风险这个概念用来理解和解决生活中的不确定性和危险性，虽然风险是真正存在的，往往却是非实体的，因此，技术风险认知的西方研究中以造成巨大影响的技术抵制为研究重点，例如澳大利亚疫苗事件、葡萄牙的固体废物焚烧处理问题等。在分析技术风险认知时，研究者侧重的是如何改变人们对当前技术的看法，并逐渐形成风险管理、风险传播等相关研究分支。

---

① 邻苯二甲酸盐是目前使用最广泛、品种最多而且产量最大的增塑剂，该增塑剂添加到塑胶中能增强其弹性、透明度、耐用性和使用寿命。

从以上国外研究中总结出我们在本书所要研究的另外几个问题。

其一，知识、价值和感觉影响着人们关于技术风险的认识和判断，重要的是，我们在工业社会所能感知到风险已经隐形化，以人工智能、大数据、量子科技和基因编辑技术为代表的后工业时代所存在的风险已经不能被人们的感官所感知，那么我们如何适应技术风险认知所面临的新环境呢？

其二，无论是期待价值还是经验法则，学者们将公众的风险认知心理称为非理性风险认知，而我们在意的是这些技术风险认知除了认知主体本身的因素以外，技术是否作用于这些主观心理呢？我们知道认知渗透理论不仅解释了感知和认知之间的逻辑关系，更指出感知和认知的分离，将意识和认知的关系域重构出对经验质疑的逻辑关系。根据布洛克（Block）对意识的定义：意识是一种精神状态，是主体所经历的事情或在认知系统中整合、处理信息的状态，如果感知是信息封闭的且仅被外部刺激激发，那么它似乎提供了从世界到我们的体验的单一渠道，这样经验可以直接引导我们的信念，我们是否可以说在形成技术风险认知的过程中，设计者的技术意向渗透给技术使用者了呢？这个过程是否存在伦理规约？

三、 文献评析

从以上国内外研究中我们发现，技术风险认知的当代研究存在着以下几个问题。

（1）局限于“有形”技术，忽视“无形”技术的内隐化和智能化特性所存在的技术风险认知嬗变。生物技术、人工智能的发展使技术形式和技术定义发生了变化，技术的“进化”迫使我们对技术风险的审视从可量化到不可量化。

（2）缺少对技术风险认知的形而上学思考。从以上国内外技术风险认知研究可以看出，学者在研究技术风险认知时在STS领域、心理学领域和社会学领域都有所涉及，然而对技术的本质与风险认知的内在联系缺乏从认识论层面的探究，尤其是人与技术的主奴关系是否会成为技术风险认知的来源？技术的发展又将如何改变人类的认知等成为当代亟待解决的问题？

（3）当代认知心理学的新形势需要对技术风险认知的新近趋势做出新的研究。在技术风险认知领域长期以来被使用的启发式直觉、成本效益分析等心理因素所具有的主观性和非理性等缺点的显现，使得学者在以往的研究中强调技术专家的参与，而当代的认知渗透等理论的出现，可以帮助我们通过心理学的新近研究探究解决问题的办法。这些问题正是本书将要解决的主要问题。

第四节　本书的创新点与难点

一、本书的创新点

本书的创新点总结来说一共有三。

（1）归纳整合技术风险认知的理论基础并延展其内涵。结合技术风险传播的社会放大和风险感知的相关研究，形成了对技术风险认知的语境和认知框架等概念的延展分析。

（2）探讨技术风险认知的起因和负效应的消解进路。本书分析了人的主体性特征以及人与技术、自然关系的异化和因此而产生的新的技术风险认知观，从认识论的视域下解释人与技术的关系。

（3）厘清了技术风险认知在国内研究语境中的模糊与不确定性，并通过认知渗透详解了感知与认知的关系与作用过程，拓展了技术风险认知的心理研究进路。

二、本书的难点

因为本书涉及了多学科的理论，所以在研究过程中存在着交叉学科的理论分析与方法融合。另外，本书的研究结论基于当下我们对技术的认识，随着科学的发展我们对技术本质的理解将更加深入，因此笔者在本书中所陈述的观点也会不断与时俱进。

第二章

技术风险认知的概念界定

第一节　技术风险认知概念的明晰与当代建构

一、 技术风险认知的概念疏解

技术风险认知研究在我国已经不属于新近的理论，在本书的国外研究现状部分，笔者曾梳理了从风险社会到技术风险认知的理论沿革。因此，我国也在 1995 年以后相继出现了一系列关于技术风险认知的研究文献，填补了该领域的研究空白。

然而，在“技术风险认知”概念的翻译问题上，国内出现了两种声音。作为国内引入风险认知概念较早的文献，谢晓非教授和徐联仓教授在《风险认知研究概况及理论框架》一文中写道：“‘风险认知’（perception of risk）属于心理学范畴，指个体对存在于外界各种客观风险的感受和认识，且强调个体由直观判断和主观感受获得的经验对个体认知的影响”[10]。从这个概念中我们可以明显地看出作者所认为的风险认知，其实是个体对经验的认识和体验；而闫坤如教授在多篇文章中论述风险心理学的研究进路时所提及的风险感知则更贴近原文的含义，即便如此，如果翻译成风险感知，却忽略了人们对风险的逻辑判断和决策等理性因素的作用，因而无论是“感知”还是“认知”，如果我们不对概念做出必要的理解和澄清，都无法真正把握我们所要认识的风险本质。正如海德格尔所言，对事物的把握需要一种前认识，这样才能全面地把握事物的真实本质。

从词源学上来讲，在拉丁语中感知（perception）含有接受、集合的概念，即通过看、听和其他感官知晓外物的能力。直到16世纪初期开始，感知的含义扩展为具有先天特质的直觉或者直接认识。而认知（cognition）的含义是理解心理活动或者处理知识的能力，在17世纪认知的含义得到了扩展并包括了感知和感觉的意义。“认知”一词来源于拉丁语“cognoscere”，意思是熟知某事/某物，认知是处理知识的行为，因此认知包括了所有心理解释经验知识的心理过程。

为了和感知相区分，认知学认为认知是允许知识复现并负责评测知识相关活动的心理功能，也就是说为了明确人类对现象的解释和经验来源，认知更具有表述心理表征的功能和意义。其中认知行为学和认知心理学在20世纪的萌芽发展为技术风险认知的研究打开了另一扇大门，其中最具有代表性的就是认知渗透。

维特根斯坦在《哲学研究》中曾指出，一个人可以不相信自己的感觉，但是不能不相信他自己的信念，认知经过了从感觉器官而来的经验筛取，具有确定性、目的性、常识性和历时性，这就使得我们有时会质疑感知信息的真假，但认知无法被质疑，认知渗透理论的提出就是因该问题而生，当我们对事物对象产生质疑，这就是认知对感知的反向影响。借由此观点，本书认为技术风险认知是既包含了主体态度、情感，又包含经验、知识的综合体现，因此，从这个含义上来讲，“技术风险认知”的表述更为契合。

二、 技术风险认知概念的当代建构

技术风险认知的概念在当代有什么变化呢？首先我们要从技术风险认知的两个组成概念“技术”和“风险”开始。随着工业化时代到来，技术哲学的兴起预示着人们开始从认识论角度反思技术，技术成为替代了自然的人类关系主体。海德格尔在《技术的追问》中将技术解释为人的行为和合目的的手段，“技术之所是，包含着对器具、仪器和机械的制作和利用，包含着这种被制作和被利用的东西本身，包含技术为之效力的各种需要和目的。这些设置的整体就是技术。”[26]，他进一步将技术称为解蔽自然和社会的方式，而技术所存在的环境里的其他存在则成为技术的座架，在这里海德格尔已经开始用技术的异化来表明技术行为的风险。

有的学者认为，技术改变了其面貌和存在形式并内嵌在人类的认知中。约翰·麦卡锡（John McCarthy）和皮特·怀特（Peter Wright）将技术称为经验，他们指出，“用户的经验现在已经成为我们理解技术可用性的中心问题”[27]。技术被赋予的独特的属性将人类引入感知世界——一种参与、刺激和满足的世界，早在20世纪初，乔纳斯就曾清醒地认识到技术带来的诱惑是可怕的，而我们唯一可以抵抗这种诱惑的能力是恐惧。

不仅如此，技术成为民粹运动的发动者，改变了世界的政治格局。芬伯格就将技术问题看作政治问题，在他看来，技术重新定义了人文主义和民粹主义，并解决了世界政治中的左倾问题。如果我们从技术整体来看，信息技术则体现了技术与人类认知的作用关系。肖峰从信息技术的认识论角度指出，技术的范围就是人类认识的范围，“技术与人的认识具有天然的联系，它既是人类思维认识水平的标志，也是认识发展的推动因素”[28]。凡此种种，对技术的理解可以推断出学界对技术的定义在经历了技术乐观主义和技术悲观主义之后，进入到对技术客观的理解和分析的时代，而技术也与我们接下来要讲的风险之间千丝万缕的联系随着技术风险认知研究的兴起和发展，逐渐浮出水面。

风险社会学认为，过去的三个世纪伴随着现代化，风险变得无法估量而且无法控制其结果，在大众的观念中往往把“风险”（risk）和“危害”（hazards）看作同一个概念，“这种观点对于风险认知来说是一种挑战”[29]，需要对以前的风险范围重新考量，因此不少学者从不同角度来确定风险的定义。20世纪初，学者弗兰克·奈特（Frank Knight）和乔·肯尼（John Maynard Keynes）发现在经济生活中不可能避免具有广阔范围的不确定性（uncertainty）。不确定性的概念范围在20世纪后半叶延伸，并因此产生了对技术风险的内涵的新理解：“ignorance”和“indeterminacy”。“ignorance”是指人们既不知道风险的结果也不知道如何控制，“indeterminacy”是指风险的后果是由人们的行为所决定[21]。

风险社会学家奥尔特温·雷恩教授认为，风险是一个相对清晰的概念，风险将技术的负面影响分配到技术的不同方面去，因此，随着时间不同，风险有不同的含义。国外关于风险有 4 种界定：知道风险并知道后果（risk）；知道风险，但不知道后果多严重（uncertainty）；知道风险，但后果是由多方面共同构成无法判断（ignorance）；不知道是否存在风险，同样后果由多方面共同决定（indeterminacy）。在很多科学文献中，风险指的是事件或者活动（大多数是人为活动）的不利影响所带来的结果或者可能性结果，因此，风险是由人类活动导致的对人类价值方面所受影响的结果。如果基于这个理解，技术风险可以类比于物质的、社会的或者经济的损毁、消亡或者失去，将技术风险归因于技术或者其产品所带来的潜在威胁。因此，当人们用风险来描述某事或者某物时，技术风险认知将对某事物归结为以下两种可能。

其一，非喜好结果。下文我们将了解到，非喜好结果并不仅仅是对技术负面效果的抵制，也包括了对收益的期待、情感的获得等，在人们的技术风险认知里，对收益的期待和不确定性风险虽然都可以定义为风险，但是二者却有着本质区别，即价值。

其二，缺少相关知识。虽然专家知识在一定程度上会弱化人们自我的技术风险认知建构，但是在评估风险、制定决策时，普通民众应该参考专家的建议。关于这一点，有些人会对技术风险进行粉饰，夸大技术的负面效果仅仅因为他们不懂得如何操作和使用该技术。

以上两种技术风险认知的理解告诉我们这样一个结论，技术的不确定性才是技术风险认知的根源所在。然而，风险并不等同于不确定性，“因为在风险已知的世界里，包括概率在内的所有事物都是确定的……但是在不确定性的世界里，所有事物并不都是已知的，我们无法通过计算做出最佳选择”[30]。不确定性越大不代表风险越大，这两个定义在人们的技术风险认知中极容易混淆在一起，例如，运输核燃料的汽车在公路上与其他车辆发生事故，人们更关心的是核燃料是否会泄漏以及泄漏产生的危害，但是同样作为技术风险，汽车碰撞和核燃料泄漏的不确定性相比前者则更高。

然而，我们常常想要通过对比技术风险来测算不确定性的危害程度，为了实现这个目标，我们会用二元关系来描述风险，例如核电站的风险比火力发电厂的危害大，这里的危害就是一种不确定性。

我们可以假定对风险的定义随心所欲地给予限定，但是在实践中我们重新定义风险却难以保证与之前存在的意义毫无关联。在使用“风险”一词时往往在语境中携带了有害的含义，例如建造业的风险、当代能源产业的风险、仿生技术的风险等，这些对于风险的描述传达了可能性和副作用的意义。

风险一词已经被广泛使用了超过300年，最早风险的含义来自水手对于船只触礁的描述，在当代，我们需要对风险进行更准确的界定。与风险相关的词汇中，例如安全、保障、危险等可以看作名词，也可以看作形容词（安全的、有保障的、危险的）。当用作形容词时，这些词汇就成为零和概念。例如，我们说核电站是“危险的”，在公众看来核电站就不存在安全性。同理，如果这句话换作“核电站是有保障的”虽然暗含着技术风险，却产生相反的认知结果。

为了降低人们对技术风险的恐惧并做出有利于技术推广的决策，同时，作为技术开发者的相关利益群体为了推动技术的社会化，“技术风险”常常被其他名词所替代，例如，工业废气被我们称为“污染”，对问题的最初定义成为形塑其特征的有效依据。在过去的半个世纪的研究中，技术风险认知时刻与社会相联系、互动，而我们却难以察觉技术与社会无时无刻进行着风险的转移。为此，技术风险认知可以拆分为三部分，第一部分是技术，在以往的技术风险认知研究文献中，技术被限定在影响巨大的、可见的两个特征里。第二部分是技术风险，在某些文章中技术风险特指因技术使用不当或设计问题而导致的人类财产、情感上的损失，也有的研究者将这个概念范围进一步延展为技术风险是人们的不喜好结果。第三部分是风险认知，风险认知不仅是人们对周围环境的体察和判断，也是对维持“自我”状态的保护意识。当自我的范围不断扩大，人们又将面临两种选择：是维持对自我的限定，从而放弃对环境和外界他物的关注；或者在自我的扩大过程中如何保持最纯粹的此在。这些问题正是技术风险认知在当代所凸显的问题。在海德格尔看来，技术的本质就是物——无法脱离人类而单独存在的具象化的教条主义：“人类永远不会允许技术超越自己，也就是说，人类是物的主人”，例如我们是因为要居住才建造房屋，“而不是因为我们建造了（房屋）所以居住”[31]68。因此，我们对技术风险认知概念的当代解构也需要从自我的认识开始，而对这一观点的探讨将贯穿我们对技术风险认知的整个研究过程。

第二节　技术风险认知概念的哲学思考

一、技术风险认知的哲学建构

普尔斯（Purves）等指出认知有内在的歧义，通过推论系统可以把感知信息变作指导行为的有用信息[32]。感知是一个较为笼统的概念，对某物的感知可以说是看到、听到、感觉到、尝到或者闻到等其中之一或者多种的结合，那么如何断定感知经验对认知的作用是真实还是虚假呢？在亚里士多德看来，人们可以通过初性把握次性，例如知道这是颜色，那么来源于视觉，区分声音，那么来源于听觉，每一种感觉都有一个与之相关的特征经验，因此人们可以将注意力放在外部的物质特征上，有时甚至是感知主体成为认识的对象，这就是以胡塞尔为代表的现象学关于意识对认知和感知经验作用的观点。

在当代哲学概念里，感知意味着通过感知经验传递到主体的对外界的认识，感知的纯一性和直观性成为现象学里可把握的对象。但即使这样，经验有时也会传达给你除却感知以外的信息，那么这些以外的信息是什么？它们和经验有什么关系？

认知的目的是建立有效知觉并体现出感知的具象结构。赫尔曼认为，每一个自然物的性质都是由物自体或客体间相互作用的结果，因此，归因于某一物体的性质并不表示个体内在的特殊性，而是存在至少一个他物之间的关系中。而感知作为性质的子系统之一，感知的性质并不是事物的特征，也不是事物本身的性质，而是身体通过触发潜在知觉的生理机制对感觉器官所产生的感觉效果而赋予事物的属性，例如颜色、触觉、味道、声音等，这些感觉的产生好比回音，事物的性质在神经系统的反馈中得以确立。

然而这种反射机制有时可能会被其他信息所干扰。当我们看一个物体时，我们看到的是它通过某种方式展现给我们的，因此我们能够看到物体是因为物体的显现。因而显现是主观决定的，它依赖于主体的特性，例如，人们看到事物就是因为眼睛能感受光和颜色，我们并未留意感知经验的过程，因为我们的关注点在感知经验本身—— 物体上。在认知哲学的视角下，这个现象被称为隔断主义（disjunctivism），即在具体情况下，隔断主义者拒绝感知信息的存在性。我们可以断定，在技术风险认知的产生过程中，人们将注意力集中在技术本身的感知活动会影响人们对信号来源的判断。在现象学观念中，经验是指主体获得事物经验时事物所呈现的样子，人们在日常生活中通常会体验到五种感官中的某些（可能是全部），以及某种本体感受体验，像情绪和心情一样，所展现出来的通常和内在具有某种通感，这些都有助于一个人的整体体验。五种感觉方式中的每一种似乎都伴随着一种独特的现象学，有时它们之间的界限很难划分，例如嗅觉和味觉、声觉和视觉，这就是为什么有人在尝到某种奇妙的糖果时会说：我好像闻到了花的芳香一样。因此，我们所看到现象的区别并不是事物呈现的方式或者身体感觉的差异，而是二者相联系中某种信号的干扰所造成的。强调感知的交互性并不意味着否认其客观的真实性与价值，我们在这里要表达的是人们的经验产生的依据不仅是自我和他者的主客二元条件，更需要建立在不受干扰的纯粹环境中，我们常常关注物自体本身的性质，却忽略了感知经验所存在的条件。感知本身并不仅仅是复刻物质信号，事实上，感知依赖神经系统所处的环境条件，当这种条件满足时，认知才具有现实性意义。

胡塞尔在感知的现象学分析中已经暗示了风险认知的可悖性，例如一张桌子的感知来自桌子映射在主体意识上的不同角度，而危险来自非显现之物所存有的更多的东西。于是，人们对于对象的把握是主体感知风险的必然诉求。他认为通过映射作用，主体的风险认知给予对象一个主观认识，这样我们就可以认为，主体产生于后验认知过程中。对技术风险的认知建构早已萌芽，例如，孩童对桌子最初的认识来源于长辈的教育、引导，这些先验知识成为孩童对桌子功能的最初认识，而对于磕碰到桌子或者从桌子上摔落的风险认知则是在体验之后获得的后验经验。人们会在第一时间根据自身的经验和情绪理解感知，但是这种感知往往需要确证，如果感知体验与之前的经验不符，那么它在客观世界中即使存在，对主体而言也不具有任何意义。休谟声称，我们观察到一件事情与另一件事情相继发生，只不过是我们主观的期待罢了，我们认知中的因果联系是一种天生的本能将经验获得期待而确认。然而康德通过后验告诉我们，只有通过分析和综合的体察，我们才能确证我们在认知中存有的先天经验，可是人们不可能永远保持理性的姿态，因此黑格尔强调在确证经验的问题上需要保持有限理性，对于事物的把握和认识更需要感性的理解。

二、 感知与行为的逻辑话语

感知不是发生在我们身上或者内隐在我们身上的某种存在，而是我们行为的一种方式。世界通过物质活动和其相互作用呈现给我们，而感知经验借由我们身体的能力得以获得，也就是说，我们所感知的决定于我们所做的和我们即将要做的活动。为此我们要更正一个在哲学和认知科学中所广泛传播的理念，即认知是大脑通过感知系统建构的一个外部世界模板，然而，感知并不是一个囿于大脑的处理过程，而是有技巧的身体活动。我们倾向于将视觉考虑为摄像的模型，当你睁开双眼，你所存在的世界涵盖的每一个细节尽收眼底，而当你被什么事情所打扰从清梦中醒来，你的注意力就会不自然地朝向所希望找寻的目标身上。因此，感知并不“纯粹”，或者说我们的经验并不中立，这样我们就能更好地理解，在黑格尔看来，反思乃是新的时代原则的最纯粹的表达[33]。

当认知主体的感知器官受到刺激发生作用，认知主体便因此隐然地理解“他者”，例如当我们靠近物体，物体就会变大。我们所获得的认知得益于在与物的相互作用过程中所处的主动位置，例如声源较近时我们觉得吵闹可以走远些。因此，我们可以公正地获得技术风险认知离不开两个基本要求：主体完善的感知能力和客体中立的价值。然而后者随着技术的诱导性和渗透性变化而发生了嬗变，导致这种结果并不能归罪于技术本身。如果说技术有自己的发展进路，那么人类从技术所获得的社会利益促进了技术与人类之间原始的本质界限，也因为如此，人类出让了与技术的二元关系中的主体能力。

我们如果要观察物体，通过改变我们的位置来选择最佳的视角，从而在与它的互动中做出更好的决策，但是如果让照相机来实现这个过程，我们似乎要考虑更多的因素，光晕、景深、背景等，对事物的视角选择更符合技术的要求而不是我们。当身体超越大脑，影响或组成认知过程时，我们就称之为具身认知。从具身视角下，我们对概念的把握代表了对具体形式的格式化表征，具身性是经验的根基。胡塞尔和梅洛-庞蒂在现象学的研究中都证明了此观点，这也间接形成了海德格尔、德雷福斯等当代技术哲学家们对传统计算主义的批判背景，具身认知的研究进路将现象学推向了新的方向。具身认知并不太寻求理解物质如何打开自我、世界和他人对经验的把握，而旨在明晰认知是如何根植于认知主体的本质和制约其认知的机制，因此，我们对意识、行为和主体间性的理解相当一部分可以从具身认知中得以洞察其原因。世界通过物质活动和交互实现并反射在认知主体的意识中。对于该论断最直接的证据就是具身认知，我们身体的感知决定于我们的活动或者我们知道如何活动。F. 瓦雷拉等人认为，认知不是被动地来自外界信号刺激的产物，而是主体通过对外界的信息解读。在认知心理学的理论中，与认知相关的动觉理论和吉布森的认知生态理论中都强调了认知是一种行为，例如在 *The Ecological Approach to Visual Perception* 中，吉布森就指出感知系统是整体性的全身活动，致力于提取、分离或阐明所处世界的信息结构，该理论的思想内涵在梅洛-庞蒂、贝克莱以及胡塞尔的现象学体系中占据重要位置。

因此，具身认知的经验内核证明人们对技术风险的判断往往是非逻辑的。在《关于费尔巴哈的提纲》中，马克思提出感知的本质是对客体的把握，把对象、现实、感性当作实践去理解，而当自我意识的主动性脱离了现实存在而变得具有抽象性和虚幻性，那么主体就陷入了对客体的虚妄的认识当中。因为在主体那里，自我意识会被两种力量所牵引，一是意向性，二是幻想，正是这两种力量的存在将人们的技术使用行为变化成一种无法调和的伦理冲突。赫巴特在论证逻辑学和心理学的区别过程中指出了逻辑学与伦理学相同的规范特征[34]。而人们的决策过程，如果存在理性思考和逻辑判断的话，意味着深思熟虑之后考虑行动可以参照的底线，而结果是无法预测和控制的，这就造成了技术风险认知中最基础的问题，即逻辑或者伦理框架之间的矛盾，组成伦理的心理表征有两部分。① 自我利益。心理学家乔纳森·海特（Jonathan Haidt）指出，"我们直觉的反应常常有利于我们自己"[35]。在进化心理学中这个观点最容易得到证实，因为自私行为提高人类在自然淘汰中进化的成功率。② 集体意识。从自然界中生存而遗传下来的集体意识演化成人类的社会规范：荣誉感、公平、平等和英雄主义让每个单独的个体形成一个更大的主体而行动。

当伦理的两个部分调和时，伦理却不一定朝着正确的方向发展。当个人的自私行为成为集体意识的组成部分，那么伦理就编织成关于"自我保护"的人际网络，而任何挑战伦理的行为、言论都会遭受到来自具有更强大辩护力的群体，这就是风险认知对伦理的影响。克里斯芬·波姆（Christopher Boehm）在 *Moral Origins* 中指出，"人类伦理的进化很大程度上回应了自我驯化的能力，我们进化出恐惧集体中的某人的杀人能力，这个思想解释了为什么在集体中人类的伦理情感会如此复杂而强烈"[36]。

一个行为是好是坏取决于"自我"和"他者"之间所存在的价值鸿沟。在哲学史上，许多经典的悖论证明了风险认知与悖论的存在关系，例如电车悖论里，轨道上的人和车上的人的关系也会成为影响决策的因素。因此，当代技术风险认知的概念建构必然要深度剖析并重新建立人与技术之间的二元关系，要把握好与技术的关系并不容易，人类对自我的解放和权力的追求成为技术发展的动力。对于经验主义者来说，有关感知的主要问题是"我们能直接感知到什么"，由于感觉/感知是人类知识的重要来源，所以，这个问题对人类来说如此重要。我们直接感知的事情或事实可能比推论出的那些事实更被人们所确信。

洛克、贝克莱和休谟指出，我们可以从心灵直接获得感知内容，而关于感觉/感知的问题变成对感知内容的判断和对客体判断二者之间的关系问题。在20世纪50年代到60年代，经验主义的感知观受到强烈的批判，奥斯丁（J. L. Austin）和其他语言哲学家开始怀疑感知内容的真实性并提出意愿性在感知行为中的主导作用，这就是当代技术风险认知的正确建构所不可忽视的问题，即技术改变了认知主体的意愿性。因为信任，我们的感知已经被技术过度支配，每一次技术成功的导航和预测让我们对技术的能力深信不疑，例如，2019年全年发生在美国因导航而误入沼泽和湖泊的事件多达一百余起，是我们失去了辨别方位的能力吗？并非如此，我们失去的是判断和解读风险的能力，换句话说，我们把对外界的风险管理交给了技术，弱化了自我在风险抵御的本能。因此，无论在摩尔还是奥斯康贝看来，当我们追寻意向性的问题时才会真正意义上了解认知的来源，探讨认知才具有现实意义。

第三章

技术风险认知的当代环境

第一节　技术风险认知的认识论环境

一、人与自然关系的嬗变

随着人类活动范围的扩展，地球上已经没有一个地方不显现出人类活动的踪迹。英格兰康沃尔的一处沉积岩，其中一层是人类垃圾所积累风化而成；在生物圈、水圈等原始圈层以外，一个重达30万亿吨的新圈层正在发挥着越来越重要的作用，美国地质学家彼得·哈夫称之为技术圈，原始技术所带来的影响力极其微弱，和其他圈层相比，技术圈的扩大产生的联动效应时刻威胁着包括人类在内所有物种赖以生存的环境，形成了当代地球所面对的最大危机：人类世。

2000年，当保罗·克鲁岑第一次提出人类世的概念时便引起了学界的关注。当时的学者对人类世这一概念颇有微词，因为人类世并不是一个“人类中心主义”的粗暴划分。他们认为人类世的提出将生态问题笼统地归因到人类身上是不可取的，而应是对人类自远古以来逐渐脱离自然生态系统的描述与反思。另外，人类世概念本身忽略了其他要素作为行动者的作用。因此，多米尼克认为生态危机最根本的原因是资本不均，于是他提出了资本世的概念。斯蒂格勒承继了德里达的解构主义观点，排除人类的独特性而单独以生物来讲，每个生物都会或多或少地拥有改变环境的能力。“假如抽出人类的特殊性和人类能动性的独特性，我们就会看到，宇宙中的每一个实体都在无情地致力于使其他每一客体物化，以适合它自己的邪恶目标”[37]。这种生存的本能是熵的增加。因此，他结合当代技术发展趋势提出了负熵世的概念。此外，还有以技术为目标的技术世、唐娜·哈拉维提出的克苏鲁世等，这些概念的提出有助于人们重新认识生态危机的产生根源和当代存在主义思潮下人类对自我意义的反思。

人类世并非仅仅一场战争的信号和生态意识的标语，它同样是对我们自称为人性的追问和再定义。在人类世语境中不断浮现的危机证据和末日断言衬托了人类强烈的风险认知观，然而这并不证明这种风险认知观被正确地解读，人类的行动范式也符合人类与技术的规约性平衡。我们知道，推动人类社会化发展的原始动能是技术，没有技术就没有人类发达的大脑和智力，也没有社会劳动分化造成的贫富不均，更不可能有物物交换而产生的经济体系和社会体系。尽管左翼哲学家们认为技术或者资本的力量都不足以扭转当下严峻的环境情况，他们认为生态环境不需要技术而可以通过自净来改善。在这一点上切尔诺贝利的环境状态证明了他们的观点：人们在切尔诺贝利看到动植物繁衍生息，事件发生前断裂的生态链自我修复，人们从对技术的抵制转向自然主义的怀抱，认为科技所带来的只有人类的毁灭，然而这种卢德主义思想却无法改变一个不争的事实即人类的可持续发展离不开技术。

人类世存在的证据之一就是从 1750 年开始的“大加速”（The Great Acceleration），人口、机动车、移动电子设备、臭氧层空洞和水资源的使用量在 1750 年开始加速，到 1950 年出现一个大加速的变化直到今天，人类的文明以自然的损毁和消耗为代价，人类世所带来的全球环境变化是一个多元过程，从个人到国家、从地球到全球所带来的生态作用是不可预测的，而自然科学所忠于的唯理性和科学主义需要人文的思考和人类自我价值的重构。在舍勒看来，这是把现代科学理解为控制学的最高可能的发展的关键：“把世界设想为价值中立的，这是人为了一种价值而为自己确定的任务，这种价值就是主宰和支配事物的生命价值”[38]。正是在危机中人类对自我能力的反思将我们从美好的地球无限论中唤醒，我们发现人类正在面临的一场旷日持久的技术风险认知的整合，而这才是人类正在经历的“第五次开始”。

获得美国考古研究所霍尔顿图书奖的罗伯特·L. 凯利从物种进化的角度提出，“人类在过去的600万年里经历了四种‘开始’（变化的临界点）：技术、文化、农业和被称为‘国家’的政治组织”[39]。在《第五次开始》里，凯利指出了资本与技术的关系，正是因为二者的关系才导致了世界人口数量的增长，为人类世的出现做出了铺垫。她讲道“降低劳动成本的方式之一就是技术。煤炭和蒸汽机推动的工业革命是技术大跃进，通过以更为便宜的机器取代工人而实现收益增加，导致工业革命所向披靡”[40]。而当技术成为行而有效的解决因人口爆炸所带来的问题时，技术的能力成为人类更为倚仗的伙伴和关心的能力，而我们忽略了技术已经代替并同化了自然，“因为大多数人并没有停下来并深入思考技术。我们发现技术很有用，而技术慢慢地变成了我们的世界的背景……正是这个背景在创造着我们的世界，我们赖以栖息的家园实际上是由技术创造的”[41]。

保罗·克鲁岑指出，自然与文化之间长久而来的隔阂已经不复存在，我们不再和自然相抗争。相应的，我们成为决定自然发展的掌权者，在这个新时代，自然就是我们自己[42]，而“自然”不仅是我们，更是“技术”。

伴随着当今的历史框架，技术偷偷代替了自然的地位、意义和功能，作为如此普遍的角色可以被看作或者理解为自然本身。当人们使用技术并把技术作为人类的延伸时，人类已经把技术和环境分离开，因此环境和技术的距离并不是简单的延展，而是维度的变化，我们所处的世界不再是自然规则下的世界，而是技术规则下的世界。学者巴斯金（Baskin）认为，自然和技术早已一体化，但是自然和技术一体化的混合体却存在于技术的规则中[43]。因此，技术世界负责建立和保持人类与技术稳定和特别的存在，让技术的社会化和人类的社会一样具有意义和价值。正因为如此，技术和人类同步演化至今，而人类的伦理也应该包括所有物种在内而具有普适性。四万年的人类进化表明，人类通过改变自身而适应环境，现在的人类通过技术机制让环境来适应我们。布兰登（Brandon）指出，“伦理和技术发展总是同步的，因为如果人类不能掌控所处的环境那么伦理就变得毫无意义”[44]。因而技术和人类的发展所惠及的群体不应该只有人类自身，同样的，技术风险认知的主体也不能仅仅局限在人类，二元论视角下产生于认识建构论的弊端主要有两个原因：其一，对风险的描述是自我建构的，这种描述会随着认识的变化而变化，换而言之，主体所体察的风险并不稳定；其二，主体和客体的分离造成了对风险的误读，尽管风险来自客观事件，但并不意味着主客体的理解总是统一。因此，对于人类世来讲，人类如何与其他物种作为一个共同主体、回归自然才具有重要的意义。

埃吕尔曾言，“当今的技艺和以往的技艺并没有共同的特质”[45]。为此埃吕尔区分了技术操作、技术现象和技术系统，技术操作包括为了获得特殊结果而实行的每一个操作和方法；技术现象是在每一个领域人类寻求最大效率的方法；而技术系统是当代人类生存和被迫适应环境的框架，技术系统“成为我们塑造地球和我们自己的手段”[46]。因为技术的存在，人类不再简单地从属于动物，同理，也不能简单地归为自然存在，我们需要重新思考人类作为技术和自然聚集物的思想和行为表象。辛格（M. W. Thing）将人类所处的情形比喻为在浓雾中迷路，“人性当下的情况好比迷失在满是浓雾的森林里，他们朝着一个方向前进，不时突然出现参天大树横在他们前进的道路上（例如汽车发动机产生的污染），人类慌张地寻找预防措施以避免这个问题，却发现一波未平一波又起（石油短缺）”[44]。如果说人类和技术走在共生的道路上，那么我们所付出的代价可能不仅仅是所能看到的，“技术是一个人类生物学的概念，人类在他的自然状态里是一个技术存在”[47]。技术解构了人类与自然的关系，通过同化人类和自然，人类成为技术人，我们放弃将我们自身看作历史的主体，并自愿被其他历史主体所替代，或者更确切地说，被技术所替代，于是，当人类最大化地将自己看作技术存在，人类发现自己陷入了一个史无前例的危机之中。

张灏在其自选集中，把人本精神简化为人与自然的主-客冲突，他“认为人已经取代神为宇宙万物之主，因此相信人性无限、人力无边、人定胜天，宰制万物，征服宇宙”。这种冲突也体现在中国古代语境中的勘世精神，“人有能力征服世界做万物之主，创造新的理想世界”[48]。人本中心的思想进入到新的发展阶段之后变得愈加强烈，人类掌握了改变地貌、海洋、大气的能力，愈发不可收拾地尝试建立人类与环境的新秩序。作为技术人，人类的技术风险认知的认识论环境图圄在以人和技术福祉的简单逻辑中，这也是当代环境问题的主要原因。从生态学视域来看认知应该涵盖在生态学之中，因为组成认知的信息来自生物体和构建的环境二者的互动[49]。人类和环境的主客体统一是解决生态危机的趋势，代表了后存在主义的生态学转向。奥特佳和唐娜·哈拉维都试图说明将生态融入主体的范畴内是唯一可行的办法，哈拉维不认为人类能一蹴而就地实现自我的跨越，在人类世危机显现的当代，哈拉维认为制造亲缘才是人类最主要的任务。因此，对主体范围的限定是爆发冲突的主要原因，只有将其他物种纳入主体的范围内才能确保人类的“自私”不会造成生态毁灭。

如同我们上文所说，当代自然也是技术，而技术从客体变为主体经历了深刻的变革，在当代，技术作为伦理主体显现出与人无异的特性，也预示了人与技术二元论的彻底消亡。

二、 人与技术关系的嬗变

随着人类掌握技术能力的提升，人类对他者修造的欲望与日俱增。以人工智能为代表的技术智识化、情感化和拟人化设计的实现，使得人工智能成为除了人类之外独立的伦理意义体。人工智能的出现，不仅是技术对人类主体地位的挑战，更是人类对技术风险认知的解构与反思，“机器在大部分领域超越了人类的认知能力，引发了人们对道德风险的恐惧。这些风险分为两个类别，分别是工作稀缺，原本由人类从事的工作可以由机器取而代之；给个人自主性带来消极后果，特别是自由和安全方面；以及人性有可能被更‘智能’的机器所取代”[50]。人类与技术在社会当中的位置发生了扭转，更先进的机器人代替了人类劳动，填补了人类劳动力的短缺，被代替的人类工作正在演化为以适应技术的新能力为基础的工作，而这些改变也成为人们重新认识技术风险的前提条件。

判断技术风险相关的事实并不指完全的、绝对的客观事实，而是与物质相关的自明事件。这是因为对客观世界的判断有时存在主观意愿之外的结论，例如，伦理主观主义者宣称在伦理问题上存在着与心灵无关的事实。因此，我们从伦理的功能论角度来审视技术与人类伦理的相关性，借此可以认识人们技术风险认知环境当中人与技术关系的变化。

我们正在让人工智能更加“智能”，却没有让机器具备智能所需的特征，例如可赋予的权利与义务、人性，这些特征是组成稳定的社会组织的必要元素。如果人工智能离开人类形成自己的社会组织，而人类掌控着这些已经解放的思想的开关，我们会怎么做？2014 年罗切斯特理工学院的托马斯·波杰克斯基（Thomas Bojarski）根据斯派克·琼斯的电影《她》提出人工智能是否可以作为除了人类之外独立的伦理意义体，托马斯称之为萨曼莎困境。

在人类与技术二元论的历史中，技术作为他者长久以来被西方哲学的主体论思想所忽视和边缘化，萨曼莎的出现意味着人类不再是地球上唯一的伦理主体，而让人类感到不安的是，自工业时代以来的人类习惯了作为全景敞视机制里的狱卒，如今，曾经的囚犯很可能反过来囚禁我们、监视我们的一举一动，这是技术对人类主体地位的挑战，更是人类对当前人工智能伦理框架的反思。换言之，人工智能的智识化趋势正在将技术推向与人类相同的存在模式。在后人类主义视域下如果把人类看作一台机器，那么人类特性的局限体现出各种伦理问题。因此他们认为人类需要通过更完美的智能体来修造伦理，例如艾瑞克·迪特里希（Eric Dietrich）断言“我们是因为道德而变得更好，而这并不意味着我们可以足够道德……这个事实加上我们可以建造比我们各种能力更好的机器以及人工智能正在取得的进展意味着我们应该建立或改造我们的替代品”[51]。当人工智能作为伦理主体时，我们期望他们的行为符合人类既定的行为标准，虽然具有明确的行为规范的法律可以被设计进以数据为认知基础的人工智能内，但面对复杂环境，行为主体需要具有一定自主权。因此，即使通过模仿和扩展人类已有的认知能力而赋予人工智能学习能力和自主意识，却不能拥有与人类相同的伦理权利，因为我们并不需要人工智能作为独立伦理主体而建构人-机间的伦理框架，而只需要人工智能符合法律和伦理的限制。人工智能便陷入了这样一个悖论中无法完成伦理行为所需要的适应性：如果按照阿西莫夫的三定律，那么人工智能必须牺牲自己以保护人类，人工智能就不能被称为伦理主体，因为它们的行动力被人类所约束便违背了自由的原则；如果人工智能决定保留自己的生存权利，那么便与大多数后人类主义者和技术专家所声称设计人工智能的初衷背离，因此人工智能的产生是对当代伦理标准的挑战，因为不受限制的人工智能将面临“存在”问题。

当然，更多的研究者清醒地认识到人工智能所带来的威胁而坚定地站在后人类主义立场的对立面，从而反对将意识设计到人工智能里，持此观点的学者以还原主义为理论根据，将技术的智能化发展视为技术伦理异化的来源，如果某物的产生具有特定的目的，那么该物就不能具有道德价值。本杰明·黑尔认为技术物的价值就是它对于我们而言的价值，而这种观点却被诟病在人本思想的角度限定了人与技术的关系。

在阿西莫夫之后虽然未能出现人工智能领域更加系统的伦理规则，但是并不影响人工智能的飞速发展。1956 年达特茅斯会议上约翰·麦卡锡认为，人类应该创造出类人智能的机器，他称之为“人工智能”，从此人工智能的模拟时代拉开了序幕：机器学习（ML）通过统计方法赋予机器学习的能力而不需要人类的指导（编程），即通过训练让一个可学习的算法模型提高其在某一特定任务上的表现。因此，机器学习包括了通过模拟大脑神经元活动来让机器识别复杂数据的深度学习（DL）、处理周围环境问题的强化学习（RL）和具有储存解决某一问题知识并用于相关问题的迁移学习（TL）。机器学习赋予人工智能模拟人类的认知架构，并具有进行简单思考和决策的能力；情感设计（AC）通过面部识别、声音和身体语言作为模拟人类情感的输入/输出模式的信息反馈，科学家们开发了自然语言处理（NLP）和计算机视觉（CV），使机器可以分析、理解和操控文本数据、图像和视频的能力。这些信息模式的出现使人工智能具有识别、解释和处理人类情感的能力，从而更接近人类之间的情感交流，增强人类的情感体验和机器的拟人化；而与此相辉映的是，人工智能的伦理问题仍然归位在技术伦理的框架内，而忽视了“智能”体的自我认识，这些研究无益于解决人工智能所内含的一系列的伦理核心问题：人类是否将具有道德元素的人工智能看作独立存在的伦理主体？我们是否需要反思人类长存的人本思想以及以此为基础的某些伦理规则，例如为何我们把人类权利和其他物种区分开？如果产生与人类相似的智能体，人类的伦理标准是否适用于他们？福赛斯（Forsyth）认为，评估伦理行为的方式有两种进路，分别体现了理想主义和相对主义在伦理上的不同关注点。前者体现了“个体关注行为本身的正确与否，并通过正确行为获得理想结果”[52]。因此，理想主义者认为伤害他人的行为是可避免的，而相对主义者认为伦理行为应该根据个体所处的情况而言，不必照本宣科，这样就避免了因为情况复杂所造成的认知障碍。

对技术的完全了解是降低技术风险的前提，显然在这方面，人类尚不能完全了解作为世界上最高级智能生物的自己，更无从控制智能个体的行为结果。正因为如此，人工智能的智识化、类人化发展过程中急需伦理功能的嵌入，用皮卡德（Picard）的话来说，“机器所获得的自由越多，它越需要伦理规则”[53]。而当前人工智能的伦理存在两个截然相反的设计进路却存在着不同的理论缺陷。

当代技术伦理是人类伦理的一部分，主要目标人群是工程师、设计者和使用者，这意味着伦理的规范性作用主体是人，而这种伦理规范依然不能解决人们对人工智能失范的担忧和其背后的技术风险认知问题。

例如国际标准协会（ISO）制定了一系列旨在规范技术参与者的道德行为，2016 年 4 月，电气电子工程师学会（IEEE）设定了 P7000—P7013 共计 14 项人工智能、自动化和数据管理方面的人工智能领域设计规范。例如 P7001 的标准是“我们如何确保自动化和智能系统的透明？”人工智能的透明是保证它行为和决策并没有偏离设计者的指导和操控，“透明并不是人工智能所固有的，而是必须被设计者所接受的理念，因为它是自动化系统或多或少都具有的属性”[54]。而在代尔夫特理工大学和埃因霍温大学兴起的负责任创新理论进路，则旨在从创造者或设计阶段将伦理问题落实到具体责任主体，以解决复杂技术所带来的责任距离问题。例如，萨塞克斯大学的玛格丽特（Margaret Boden）等人从设计阶段提出了人工智能设计的五点伦理标准，他们认为“责任可以通过许多方法来解决，其中之一就是确定机器人的负责任人，每一个机器人可以通过在线搜索记录着它的设计者、制造商以及使用者的许可证”[55]。因此，负责任创新实现的前提有两点：① 可落实的具体的责任人；② 人工智能不能成为独立的伦理意义体。

和人类相同的是，我们对人工智能的存在也具有社会期待，缺少社会期待不仅会陷入还原论的危机，更会迫使设计人工智能的科学家为了保护他们的自主权而割裂与公众甚至社会的联系，成功的期待需要人们了解科学家对塑造科技未来承诺的多变性，而理解的过程需要足够的时间来建立和意义化。每一个技术表现都是人类决定的结果，在我们做决定前，我们首先要知晓技术的目的和编译在技术中的价值，因为伦理和技术发展总是同步的，如果人类不能掌控所处的环境，那么伦理就变得毫无意义。因此，技术伦理体现出人类对包括技术在内的强烈的环境控制欲，人工智能的伦理问题是人们控制他物的欲望下隐藏的不自信表现，正如海德格尔所言，现代性的结果就是过度自信和自信不足同时并存……我们理性反思后的对世界的理解过于自信，对计划和控制一切事物的能力也过于自信[56]。而问题的原因是人类无法确定人工智能的智识化特征的显现是否证明人工智能不再是技术，负责任创新作为技术伦理的新近进路确实通过伦理责任的溯源达到了伦理责任的落实，但是当人工智能成为具有意识的个体时，负责任创新的伦理框架和其他技术伦理进路面临着同样的局限，即伦理显现出人本主义的价值观而无法达到彻底的“自信”，因此，对人工智能的伦理审视迫切需要从设计出发的伦理建构。

当然这并不是一个容易达成的目标。从元伦理学角度来讲，无论是关注行为的向善论还是强调规范的义务论，建构伦理不外乎两个基本条件：具有可以理解伦理的智力条件和同情心，因此伦理的建构也必须从这两个进路完成。伦理习得的本身就是基础认知能力的表现过程，以人类来说，儿童对行为对错的判断并不是根据意愿而是行为结果，对事物对错的判断基于儿童从外界获得的信息。语言建构论认为，伦理结构由道德语法所构成，“学龄前儿童的伦理学习并不是在课堂里，而是老师的教导”[57]。进化心理学认为，人类的善恶同样具有保护人类种群的功能，而语言是在人类进入社会化阶段去恶存善的主要工具。因此，科学家们将特定的道德语法编程进人工智能，并称之为自上而下的伦理编译（Top-Down Method），因而无论是科学、技术、工程或是数学等学科的科学家们在人工智能的道德学习方面无不陷入了复杂性困境，因为道德语法和自然语法不同，难以阐明并翻译成正式的数学语言和符合深度学习算法的计算机程式。

皮尔士在论述符号的意义时曾提出，符号和观念的差异在于符号不可以直接认识和把握，“只有与一个后续思想——皮尔士称之为解释元（interpretant）的思想——联系起来，这个符号才获得其意义”[58]。可以称为解释元的存在有许多，语言、表情、图像或者情感等，人类对符号的把握之所以产生如此丰富的内涵与意义，离不开人类所存有的诸多自然因素，而这些功能在人工智能中尚未成熟。如果说人类的失范行为是人类不能解释自我存在的异质性，即使人类已经拥有完善的生理学和心理学体系，同理，我们所谓了解技术，知道程序运行的规则和数字演变，谁又能肯定人工智能的行为不会重蹈人类伦理发展的覆辙？

如果把人类与人工智能的关系做一个更为形象的比喻，那么人工智能好比学生，人类则是老师，然而在实践层面上，如今的人工智能的发展更多来自“人工”而非“智能”，因为无法呈现智能体的特征。这些特征恰好是形成伦理的基础，例如同情心、集体意识和情感，这也是一些学者拒绝“人工智能”提法的原因。我们把智能看作形成伦理的基础，当然反过来看，伦理也是人性，也是作为人类智能区别其他动物智能的标识。霍夫施塔特（中文名侯世达）指出，人性里所具有的“强烈的智识激情、好奇心和驱动力，愉悦感和玩耍心，乐趣、神秘、发明欲望——所有这些在今天的计算机里都找不到”[59]。因此，如果将人工智能称为另外的伦理主体，上述伦理元素才是人工智能伦理设计的主要关注的意义所在。

与此相对应的自下而上的伦理学习（Bottom-Up Method），则是让人工智能通过与环境和其他伦理主体之间互动从而达到自主建构伦理的目的，也就是是伦理建构的另一个进路：共情作用、同情心及情感的共鸣。为此人工智能需要具有伦理主体所必备的多种元素：理性能力、对负面刺激的分辨力、情感和自主能力。因此，这个进路需要我们参照人类伦理的建构经验来完成。为了在自然界生存，动物所形成的群体认知是共情及同情心的基础，人类在这个基础之上所规范化的行为方式形成了我们的伦理。心理学家和人类学家认为拟人论来源于人类的适应性特征，在测试人类对拟人机器人反应的大量实验中发现，受试者对机器人的动作或者表现可以用人性化特征来解释。例如快乐、厌恶、善意等，拟人论是人类将他物社会化的惯常手段，当人们要理解一个新现象时，人们就会通过隐喻来确立它产生的原因。辛格勒（Singler）认为，“作为一种社会存在，我们需要把我们身处的世界放在一个社会体制内使其具有意义”[60]。而拟人论在人工智能与外界的交流时扮演了重要角色，拟人论“可以用来促进人类和社会功能机器人之间的互动”[61]。但是拟人论的核心思想仍然是人类中心主义，从而使拟人论指导下的人工智能进程具有明显的二元论色彩。为此，“建构人工物的主体伦理过程迫使人类深思如何使用我们的能力——那些可以设计到机器中的部分和真正将动物智能或人工智能与人类所区分开来的特征”[62]。

为了让仿生机器人拥有人类的外貌，使它们与人类交流的方式和人与人交流的方式相同，有的学者认为机器人的构造需要和人类一样，从而获得与人类相同的体察环境的能力，例如在视觉设计时仿照人类双眼，给机器人安装两个摄像头。迪萨沃（DiSalvo）等认为，“仿生机器人具有人类头部尺寸等某些特征的相似性对于机器人的感知能力有重要影响”[63]。当然，科学家并没有止步于外形的相似性，卡恩（Kahn）为人机互动（human-robot interaction）提出了六个基准：自动化、模仿力、固有的伦理价值、伦理义务、隐私性和互惠主义，这六点证明如果把机器看作伦理自主体，那么机器所拥有的道德意识则继承于人类。因此，伦理学的行为主义转向也成为机器人伦理设计的标准之一，例如特克勒（Turkle）指出，“机器人的行为比他们的内在状态更重要”[64]。虽然行为主义所关注的是使人类伦理更为直观而基础的本质，但是相比结果主义而言，却具有功利性而陷入二元论并影响道德行为的中立价值，机器人所模仿的并不仅仅是人的行为，同时代表了设计者对人类伦理框架的主观想象。因此，设计者的行为旨趣体现在人工智能作为独立伦理主体时的规范特征。

2019 年 6 月，美国国家科技委员会下属的美国网络和信息技术研究发展中心（NITRD）发布了《国家人工智能研究和发展计划》（修订版），在开篇中即说明了该计划是“确保美国在包括人工智能在内的新技术的领导地位”[65]。在同一年，美国颁布的《保持美国在人工智能领导地位的行政令》中，再次强调了美国发展人工智能的目标是保护民主自由、私有制和美国价值。可见人工智能的伦理规则缺乏广泛性伦理价值的考虑，直到如今，在人工智能的优点中仍然写有帮助人类走出自闭症、陪护孤独老人等社会功能的字眼，却没有人工智能对伦理系统建构所做出的智力贡献，更无法体现出人工智能在社会活动中所实现的学习与反思，情感交流也止步于单向性层面。

伦理意义是一个分水岭，而任何达到这个标准的非人类存在都会在伦理意义的促使下衡量该生物体或者种族权利，除了人类之外，具有意识的人工智能才是最有可能具有伦理意识的存在，因此在人工智能设计中应该注重人类伦理的发展逻辑和规律。在这个理念下，IEEE 提出了伦理导向设计，弥补了伦理内化进路的二元论问题和伦理外化进路的主体迷失，实现了人类与人工智能伦理的切近与合一，“通过技术指涉人类的范式已经成为过去，当代的危机给了技术新的意义和价值的凸显，于是技术既不是一种异己的力量，也非一种新的拯救，而是与人类同根同源的互为一体”[66]。

皮特森（Dale Peterson）认为，伦理是自我和他者发生本质上冲突时的斡旋，而人类通过社会价值和行为来调节这个冲突，“神经生物学家发现，在社交过程中，人类和其他高级灵长类动物大脑中的三条神经线路会活跃起来。第一条负责心智思维，这个过程中会形成目标，以及达成目标的相应活动计划。第二条负责移情思维（即同理心），让自己设身处地地从他人的角度去思考问题，以便了解他人的动机和感受，并预测他人未来的行为。同理心是某种博弈，在这个过程中，个体与群体进行沟通，而群体也由此实现了自我组织。最后一条负责镜像思维，个体由此感知他人的情绪和情感，并在某种程度上切身体验他人的感受”[67]。因此，从拟人论角度来看，人工智能在伦理建构规则上从以下三点更能体现出与人类的伦理匹配与调和。

建构规则 1：情感

佛朗斯 · 威尔（Frans de Waal）和皮特森认为伦理源于情感，具体来讲是共情能力。皮特森指出，“大多数我们自身的情感系统会在社会语境中得到发展而变成道德信号”[68]。而这些情感同时存在于高等动物之中，我们与其他动物并不是仅仅拥有相似的伦理系统，而重要的是动物体拥有同一个伦理系统，达尔文曾指出，“道德情感是人类和其他动物持续演化的结果”[69]。

源自情感的伦理最初局限于血缘关系，社会生物学家证实，和其他动物一样，人类会根据关系的亲疏而决定是否给他人施以援手。因此在伦理的其他作用施加于主体之前，情感距离是原始和基本的决定因素，动物本能地“生活在一起，有时在狩猎、建造、保护等活动中自然地倾向于爱和信任彼此”[70]。然而在技术化时代，技术所带来的情感依赖改变了这个状态，人类对其他非生物所产生的情感和伦理诉求体现了拟人论的认知，而将人工智能看作与人类趋同的情感表征是拟人论的一种极端表现。托马斯 · 波杰克斯基认为，将人工智能看作独立的行动者是因为伦理意义体的存在，“如果我们把一个存在作为伦理意义体，那么我们就鉴定它们比其他动物或者物体而言更接近人类”[71]。麻省理工学院的凯特 · 达林通过实验证明了人类与机器的互动会产生更多同情心，当人们从人工智能中获取到可信赖的信息时，人们更愿意相信技术体现出人类设计初衷所表达出的对人类道德体现出绝对命令的服从，人工智能以接近人类认知的优势成为可信赖的伦理意义体而获得情感认同。

建构规则 2：社会

伦理起源于情感，更需要建构在社会规则中。神经心理学的研究结果已经证实，那些具有互惠行为和同理心表征的动物具有一定的社会规范。在狼群中，大部分幼狼和某些成年狼会通过撕咬作为游戏来锻炼捕食能力或者情感交流，而当某一只狼不小心用力不当时，它们会将前爪匍匐在地上用类似鞠躬的动作来表示道歉。科罗拉多大学的马克贝科夫（MarcBekoff）认为，鞠躬的动作可能是表达“抱歉，我咬得太重了，不是故意的”[68]。源于动物性的伦理其本身并不考虑他人价值，而是以生存为主要目的，无论是善或恶都保证了我们种群从严酷的自然环境中得以生存繁衍，社会化的分工和技术的发展将人类从自然竞争中解放出来，从此，人类开始反思自身行为并逐渐建立符合社会规范的伦理系统。

当然这种伦理系统保存了我们作为动物的集体观念，也是因为如此，随着各国之间的联系，伦理的发展依然呈现出地域差异，为此，伦理才具有如此鲜明的辨识性，也是主体用来区分他者的可靠依据。而伦理的可普遍性证明了人工智能的社会化必然衍生出利他性，人工智能的伦理问题应该是规范问题，而不是描述伦理学的问题。人工智能是否能作为伦理主体或者伦理载体的问题随着技术的改变而改变，因为人类社会不断被技术所修造，处于社会中的伦理系统也是如此。从功能论角度来讲，伦理是为了保持社会的稳定，人类对自然的控制伴随着人类自主能力显现，从这个观点来看，自动化技术是人类自主能力的一部分，人类的社会化水平的提升相应地带来了人工智能的伦理体系在社会的浸染下趋于完善。

建构规则 3：智力

在动物中，智力水平的高低直接决定了伦理能力，大象所具有的情绪智力远比其他动物高，因此它们表现出同情心和跨种族的同理心。从物种演化角度来看，智力是产生伦理不可替代的前提，达尔文在《人类的由来及性选择》中将智力作为社会本能的根源：“无论何种动物，只要赋有十分显著的社会本能（包括亲子之情），一旦其智力发展得像人类的那样完善，或者差不多那样完善，就必然会获得一种道德观念，即良心”[72]。当然具备更强大的智力能力的也未必产生伦理行为，布朗·多福（Brian R. Duffy）指出，“可能一个机器人恰好过于智能以至于更自私或者和人类一样软弱”[73]。因此，组成人类伦理的智力并不是简单的运算和逻辑能力，更体现出人类面对问题时权衡所表现出来的反思平衡，智力不仅是认识伦理的条件，更需要在情感和社会的修造，而人工智能的智能化设计趋向于更符合伦理要求的有限理性，虽然人工智能无法摆脱数理逻辑的限制，但是从另一个方面来说，人工智能可以为人们在伦理决策上提供更为理性的建议。

伦理导向设计在某些方面也存在缺陷，例如，它忽视了技术、人、生态三者之间的联系，且伦理设计的可持续性也存在理论短板。因此，在人工智能的伦理设计理念中应该兼顾公平性、渐进性与传承性，以改善人类与人工智能相互作用时产生的伦理问题与技术风险认知环境。

（1）伦理设计的公平性。

人工智能的目的是改变人类作为唯一智能生物的行为方式，以改善地球生态和降低非可持续性风险。而这些价值也应该暗含在人工智能的伦理设计中，IEEE 在 EAD 的概念架构中指出，对自动化智能系统（A/IS）的设计由三个概念框架支撑，第一点也是最关键的一点就是保持与人类普遍价值的统一，“A/IS 旨在尊重人权并与人类价值观保持一致，并给予更多的人以幸福感”[74]。作为当代伦理的超验架构，EAD 应该将更广泛的利益相关者纳入到人工智能作为伦理主体的框架内，意味着 EAD 不仅需要关注人类本身的权利，更需要把其他生物的繁衍和环境的保护作为伦理设计的目的纳入进来。

技术世界负责建立和保持人类与技术稳定和特别的存在，让技术的社会化和人类的社会一样具有意义和价值。正因为如此，技术和人类同步演化至今，而人类的伦理也应该包括所有物种在内而具有普适性。

（2）伦理设计的渐进性。

由于伦理内在结构和所存在语境复杂，即使人工智能拥有更强的认知能力也需要循序渐进地实施伦理设计，人工智能系统的发展应该首先在可试错的虚拟世界中进行，直到人工智能的行为倾向可以被预测、理解和控制[75]。

伦理的改变直观地体现了人类自主能力的发展，费希特在《伦理学体系》中阐明了伦理的演绎是从人的本性出发的“理智力量”[76]。这个过程需要人工智能首先习得人类基本的属性，然后根据社会中价值、制度、经济、政策等子系统的变化进行实践。而我们人类在行为的试错过程中所建立的伦理也需要通过技术模拟来推进与演化，尤其是当代社会的细化和分工使人工智能的伦理建构的普适性更具挑战，而我们当前的伦理系统之所以止步于对技术使用者和设计者的行为规约，就是因为复杂的技术集成了多方面行为主体的价值，因此无法落实伦理责任。

伦理需要化繁为简将主体范围缩小，这个过程也是客体主体化的发展阶段。人工智能预先编码了含有人类意向性的知识与经验，而人类的意向性存在着对不同事物的颖悟差异，因此，伦理设计的渐进性总体来说要分为两个阶段：阶段一，伦理设计以自然和人类的自然属性为主体，在人类求同存异的共识下实现无机器诱导的人工智能伦理建构；阶段二，以行为为导向，将视角从实现人工智能的某些伦理特征转移到规范和规范指导下的行动上。

（3）伦理设计的传承性。

人工智能的能力（行为、分析、运算、自动化）随着科技和材料的提升而不断迭代更新，我们寄希望于最初的人工智能伦理设计适用于未来的机器，以消弭还未显现的技术伦理风险，然而伦理的范围和技术同步变化，我们如何确保伦理设计可以紧跟技术的步伐也是需要考虑的一个问题。在人工智能领域，传统人工智能执行的是人类所设定的命令，因此符合伦理规则，而强人工智能（AGI）因为具有处理更深和更复杂问题的能力和自我增强的能力，从而具有潜在威胁人类的可能。因此，在人工智能的伦理设计中有必要进行前瞻性的技术风险预测与评估。人工智能伦理设计的修造要时刻与人类本性相契合，任何具有设计野心、超过人类可控范围的设计本身就会带来无法弥补的道德问题。因此，在人工智能领域的设计所做出的决定必须详尽，因为这些理念将在今后若干年内塑造人类与人工智能之间新的伦理图景。

人类当代的伦理价值观的形成经过了不断的自我完善，在伦理的传承性上要始终保持作为独立智能体的自我审视，技术的发展增强了人类自由意志，而我们要清醒地认识到，技术不仅承载了我们的价值与希望，同样，对技术伦理的修造过程也是人类技术风险认知的蜕变过程。

三、 技术风险认知主体的迷失

在自然作为主体的时代，哲学家们可以用有限的自然知识来体认外部世界，所焕发出的哲学理念又刺激了科学在自然哲学中萌发，然而在这个时期，人类作为客体忍受着来自自然的种种限制，直到技术出现。然而，被人类创造发展的技术被人类考察时发现，人类和技术的关系也产生了微妙的“化学反应”：“人类和技术的关系是虚拟的又是实在的”[39]。威廉·吉布森将这种虚无的认识称为“交感幻觉”（神经漫游者）。

主体通过客体指涉自身从而实现存在，是人类确定自己主体地位的惯常方式，技术的发展和人类与自然的矛盾并不是独立发生的两个平行事件。通过深层次的剖析我们发现，人类与自然的关系转变经过了主体化过程，而技术与人类的关系也在经历着同样的过程。如果我们把人类仍然作为主体来看，三者的关系发展至今恰好处在这样一个状态：自然客体与主体逐渐失去指涉关系，技术客体则增加与主体的关联。

人类的技术风险认知是人类与技术关系中“去主体化”过程的产物。作为20世纪具有影响力的自由主义哲学家，别尔嘉耶夫批判了将主体和客体对立所导致的客体化倾向，他努力将被奴役的人类从客体带回主体，为此他的形而上学思想将人性比作神性，这样人类和其他物种便拥有了作为主体的依据。费尔巴哈的思想体现了同样的理念，他将神学的感悟作为人类对自我审视的特权：“上帝是人的对象，不是别的东西，只是它自己的明显的本质……动物和星宿只是在人的意义之下赞美上帝”[77]。而体察世界的存在需要一个其他的实体为其原因，而且必须假定一个理智的、自觉的按照原因和目的活动的实体，技术迎合这个需求同时推动了这种以目标活动为对象的自我审视。

从自然哲学到神学再到当代形而上学，人类对自我的认识不断更新，在追求效率和理性主义的价值观引导下，在整个哲学的历史长河里，始终贯穿着科学知识和技术对人类作为主体能动性的改观，同时引发哲学家们对自我、对自然的思考。于是在20世纪之后借由科学技术的发展，人类彻底和神（自然）划清界限，人类主体地位的回归在短暂的一段时间内让人们欢呼雀跃，技术带来的生活水平和征服自然的魅力让人类迷失了自我。人类作为主体的迷失同样带来了技术风险认知的转变，自然成为威胁人类自由意志的主要风险。长久以来作为自然界的客体所产生的因势利导、顺天而为的思想发生了改变，于是人和自然不断激化的矛盾只能通过技术来缓解。1913年德国化学工程师博尔哈德·伊斯米尔（Eberhard Ischimmer）认为，“技术的目的是通过对物质世界的理解和打破自然的限制，最终达到人类的自由”[78]。人类的技术风险认知也因此源源不断地解构，伴随着技术发展而发展。

到如今，自我的范围已经不仅仅局限在人类自身，风险主体已经扩展到人类所处的环境，达到奥特佳所言的“我就是我加我的环境”[79]。然而我们似乎忽视了重要的一点，奥特佳所指的环境不再是自然，而是技术。达尔文的进化论告诉我们，生物体的进化是为了适应环境，外表和身体机理的变化并没有改变主体的本质，这也是我们将从类人猿到人类称为人类进化过程的原因。对“自我”追寻的人类早已处在技术创造的环境中，迷失的人类再通过“他者”来界定“自我”只会陷入还原论的旋涡中，因此海德格尔指出人类是技术的持存物，“早期现象学，尤其是胡塞尔与早期海德格尔的现象学，都可看作这样一种尝试，即赢得在客体上丧失的自我或者自身（selbst），并使自我或者自身成为确实可靠的：也就是获得自我或者自身”[80]。可是在技术环境中的人类无法通过个体或者技术单独完成对自我的描述，正如埃吕尔所说，解决技术问题的办法不是越少的技术，而是越多的技术。这一点对于后人类主义者们看来是很重要的，因为技术创新不仅代表了技术活力，同时填补了技术伦理的缺失。后人类主义和超人类主义的盛行对应了尼采在《查拉图斯特拉如是说》中的观点——人类正以自我的方式朝着超人进化。作为当代著名的后人类主义者，唐娜·哈拉维认为赛博格是通过人类与技术的结合抹消男性和女性的自然分隔，与此同时主体和客体也达到了统一。可以说，在后人类主义看来，主体客体化是一个解决人类与自然、技术之间矛盾的契机，我们不能否认这一点，而且在新世纪产生的大多数后学，无论是后常态科学，还是后真相时代，都印证了这个观点，人类重新寻找自我的过程使得人类进入“技术虚无主义的命运性阶段”[81]。

可是主体化困境却不仅如此，人类和技术的相互作用产生了京特·安德斯所说的普罗米修斯式的羞愧而成为“过时的人”，人类，正在逐渐丧失控制权，丧失与技术的“游戏”中所处的主体性，正如伽达默尔一针见血地指出：游戏的真正主体不是游戏者，而是游戏本身。

单从风险的成因角度来看，风险既是事实负载的，也是价值负载的，因而事实的客观性决定了技术风险认知的主观性表征。因而，特定事实的价值永远受主观意愿的约束，例如，效率和公平、自然和工业、伦理和经济等。克兰茨贝格（Kranzberg）提出的第一法则正是指明了这一点，他说，技术既非好，也非坏，当然也不是中立的，技术内嵌在社会系统里而受到社会中价值、制度、政策、心理等子系统的影响，技术结果因而变得如此不可预见。人们将非喜好结果称为风险，因此技术风险是永远无法消除的，但是在这个结论的背后隐藏着另一个事实：我们正在变成技术，不仅仅是身体，更是认知，“如果技术将自身不仅解释为组织者，而且是产品和最终的创造物”[82]，那么当人类不断趋近于完美的技术时，人们就会把自己当作一个永远缺陷的部件而无休止地陷入到技术风险—创新—风险—再创新的循环过程中，当然在这个过程中出现的衍生结果就是人们的自由意志变得更加强大。

人类对自我主体的审视达到一定高度时便产生了利他心理和同情心，这些便是我们社会的基础之一——伦理。大卫·布兰登（David G. Brandon）认为伦理和技术是同步发展的，因为只有当人们掌控他们所处的环境，伦理才有意义。埃吕尔指出，我们的伦理缔造者已经从人类转移到了技术手中，“技术本身已经变成了价值，而且技术将自己看作实现美德的必经阶段，正因为如此，技术承载了我们的希望，技术伦理则贬低其他形式的行为（游戏、消遣、倦惰）、价值和美德”[83]。为了抗拒技术对伦理的影响和控制，罗宾·福克斯（Robin Fox）宣称人类的天性中蕴含着包括了利他主义和侵略性并存的理性伦理，人类自远古遗传下来的潜能和适应环境的能力，让我们保持自我而不被他物所操纵。

人类通过知识和自由意志的调节将其权力运用于现实，这是汉斯·约纳斯坚定的信念。正是因为如此，技术的使用过程是技术将人类自由意志变成令人向往的东西，人类关怀他物的能力和自由意志相对应，技术风险就是人类在二者之间总是面临着选择而导致的不确定性，因此，对伦理的洞察力是人类走向未来的责任，这也是为什么拉图尔在 *Down to Earth* 中所谴责的技术的黑箱化和复杂化趋势成为隐藏伦理问题的背后原因，造成的结果就是技术使用者被排斥在技术关键的设计阶段以外。

起源于 20 世纪后期的西方哲学运动后现代主义，具有明显的怀疑主义、主观主义和相对主义特征，伴随着这样的特征，后现代主义者强烈反对当代的价值观和自然实在，拒斥当代科学的建构转向。这是人类第一次从自我意义中找到可供技术超越的意义点，可见，后现代是人类对科学技术的重新认识，改变了技术风险认知的范式标准的契机和背景，在这个矛盾下，后人类主义者发起了对实在论的挑战。

自然实在论认为，一个“此在”应该独立于人类的思想、社会，后人类主义者则鄙视这种实在论观点，他们对科技所带来的社会变革极具信心，同时他们认识到后现代意味着客体的增加和复杂。在工业阶段，生命是与人工自然的博弈，因为世界变成了工艺的，人类生活的节奏机械化和序列化，人们对价值的评估以技术为标准就是在这个时期发生的，机械化的能量被更重要的信息所取代。但是获得信息的渠道、载体仍然是技术，在这种环境下，人类主体地位的迷失意味着人类始终处于一种完全的虚空状态。洛克说，人们同时存在一个外部世界和内在自我，二者通过经验彼此联系、确信与建构，“通过感觉我们知道存在着实体的、广延的物质；通过内省知道我们拥有着像思想这种东西；经验则使我们确信物质与思想同时存在”[84]。而技术的改变也让人们对事物的初性把握难以与次性达到归合，经验的扭曲产生了后人类主义倾向，将人类的技术风险认知推向虚无化的意义边缘。

四、 后人类主义视域下的技术风险认知

后人类主义的崛起是对人类的认识观的批判和重构。后人类意味着人与其他物种维持着脆弱而紧张的共存关系。在这种情况下，后人类主义主张人类与环境关系重塑，因此人类不仅面临着我是谁的形而上学追问，而且不许面对自身被日益边缘化的现实。在后人类时代，技术代替人类成了新的主体，让·鲍德里亚称之为水晶的复仇：客体用一种更高级的手段在人类和客体关系中复仇人类，为了达到这个目的，技术践行了四个步骤。第一步，技术创造了代替自身的信号并与人类有清晰的关联；第二步，该信号伪装减弱和技术的关系，创造一个新的没有意向性的意义；第三步，通过信号所产生的机器代替人类，使客体独立于任何一个人类而存在；第四步，技术通过信号创造现实。和海德格尔的持存物所不同的是，让·鲍德里亚认为技术有“物性”，这种物性和人性一样具有意向，于是人-物关系并不是人类作为主体而存在。让·鲍德里亚写道：“我们取悦我们自己并认为我们发现了物，把它们当作卑躬屈膝的服侍者，但是也许并不是我们所想的那样，如果是物发现了我们呢？如果是物发明了我们呢？”[85]赫尔德认为，人是由工具转化而来的身体，同样的，在斯蒂格勒看来人的问题就是技术或者科技的问题。技术的复仇并不仅仅是代替了人类，而且正在同化人类。控制论的提出者诺伯特·维纳就清醒地认识到人类面临的危险并不是机器正在类人化，而是人类技术化[86]，换句话说，人类思想、情感和技术的切近无疑降低了人类的技术风险认知。唐·德里罗（Don Delillo）在《白噪音》（*White Noise*）中写道，这就是技术的全部要旨，一方面它创造了追求不朽的欲望，另一方面它又昭示着宇宙灭绝的凶兆。技术是从自然中逐出的不良欲望。人类对自身境况的不满逐渐形成了对当代人类自然属性的拒斥和技术优势的迎合，即后人类主义。

我们把后人类主义、人文主义和超人类主义三个定义放在一起来比较，这样不仅能清晰地认识后人类主义，而且能把握后人类主义产生的历史背景和脉络。

乔·盖瑞尔（Joel Garreau）认为，超人类主义是人们通过技术手段，增强人类自身适应力和表现力的思潮。而超人类是那些走向后人类过程中的人类，根据我们当前对人类的定义标准，这些人类不再是明确意义上的人类，而是技术能力极大超过当前人类的人类。后人类主义思想最早要追溯到16世纪的启蒙运动，在波斯特洛姆（Bostrom）所著的《超人类主义者的思想历史》中，他指出后人类主义结合了文艺复兴时期的人文思想，受牛顿、托马斯·霍布斯、洛克、康德、马尔库斯等人的影响形成了理性人文主义，强调经验科学和批判。例如1784年康德在《什么是启蒙》中即暗含了这种逻各斯中心主义，他认为人类的不完善体现在对外物的认识离不开他人的指引。因此，启智的意义在于依靠自己的理性，从这一点来讲，后人类主义继承了逻各斯中心主义和计算主义的衣钵，旨在去除人类自然属性并增强技术在后现代的话语权。后人类主义思想的产生不仅改变人类的生理构造和认知，同样影响了人类社会和文化结构，产生了人类对技术的依赖和科技就是生产力的坚定信念，在工具面前，价值理性被极大地削弱。简-弗朗索瓦·利奥塔（Jean-Francois Lyotard）就提醒了人们这样的境况：人文主义前后出现了这样一个现象，他们（人文主义）将人类的具身性和嵌入性不仅命名为生物学，而且命名为技术世界。这样，人类的动物性、技术和外部社会机制（如语言和文化）协同进化[87]。

因此，后人类主义时代是一个历史性时刻，有的人将其看作对人类弱点的革命时机。例如哈拉维所宣称的我不要做女神，我更愿意做赛博格，例如摩尔声称的，我们不再屈从于衰老和死亡的“暴政”。有的人将其看作人类灭亡的开始，例如斯蒂格勒认为在后人类时代突现的自私、傲慢的主体性所造成的人类世危机，例如汉斯·约纳斯所提出的技术伦理困境等。这一历史发展指向了人类正在通过和技术的重合寻找一种新的理论范式，在人文主义成为历史之后所酝酿出来的规避文化压抑和抑制人本思想的新思维方式。在这场潮流的作用下，后人类主义站在批判人本思想的立场上试图去除人类所具有的主观性，第一步就是重新整合技术风险认知，更新人类对物质体和结合体的概念，正如鲁茨基（R. L. Rutsky）所言，成为后人类即意味着参与和找寻一个适当的思维模式，因为当前的历史、文化、社会、认知都不能继续作为人类思考外物的参考系，这是利奥塔最为伤感的地方，人类失去了自我和主体相关的概念和地位，我们再也不能把历史诠释为人类实现自身的地方。主体性是技术风险认知的首要决定因素，因而往往人们在评估技术风险时对技术和使用者而言的价值决定了人们接受或排斥技术，不过这只是当代背景下对主体性和价值的认定，在步入技术和人类共生的时代，人类不再是唯一主体，主体价值也不再以人类旨趣为标准。在主体伦理的承接问题上，人类早已经从结果主义中吸取了经验，于是产生了当代行为主义的伦理转向。因此，如果将机器作为伦理自主体，则应监测技术，以确保其运作符合人类价值观的预定道德目标……如果机器作为准自主主体参与人类交流，那么这些主体必须符合社会和道德的普遍性，当人类先入为主地认为机器必须符合人类的伦理观念时，人类早已经将自身看作自然界最智慧的生物和伦理标准，具有更先进智能的机器人则会促进人类的认知伦理的能力，这就是为什么后人类主义者认为机器必然会取代人类作为最完美的伦理个体的原因。

后人类主义者给人类筑造了海市蜃楼般的场景，野心勃勃地挑战着自然界“熵”原则，在他们看来，人类有权利通过技术手段脱离负熵机制，用技术保存人类智慧和优秀的创造能力。马克思·摩尔是当代最具代表的后人类主义者，他在1990年所写的一篇论文 *The Extropian Principles* 中提出了自己的负熵原则：“无限扩展、自我改造、动态优化、智能技术、自发秩序”[88]。有趣的是，马克思·摩尔在20世纪早期曾创办一个名为《负熵》的杂志，汇集了当时许多超人类主义思想。而斯蒂格勒的负熵则批判技术所造成的生态危机，同样的术语却拥有不同的内涵。去技术化和去人类化成为后人类时代博弈的焦点，两种截然不同的主体存在机制告诉我们这样一个道理：我们所面临的是一场零和博弈，在这场运动中没有人可以站在模糊不清的立场上，何去何从需要我们在这场战争中拥有清晰而准确的技术风险认知来预测人类、技术和自然的未来。

第二节　技术风险认知的心理环境

让-加布里埃尔·伽纳斯（Jean-Gabriel Ganascia）指出，作为学习知识的心理活动，认知的产生是多学科领域共同作用的结果，认知也可以看作结合外界的多元信息并在大脑中建构联想和使他者在大脑中意义化。这样，认知主体可以掌控知识来做出行为决策而不仅仅依赖环境，更基于自我认知形成对事物的看法，那么这种情况下人们会坚信自己的决定并排斥其他人的意见。因而在本节中我们将做以下几点工作：① 梳理“感知”和“认知”的关系，明晰从感知经验到认知的作用过程；② 指出认知架构对技术风险的意义以及如何建构人们的技术风险认知架构；③ 剖析认知渗透理论对技术风险认知的心理环境作用。

一、作为建构过程的感知

在人们做决策前需要从感知经验中获取可供支撑逻辑思考的事实和现象，因此，感知作为认识风险是必不可少的。感知系统的目标是让有机体对环境的相关刺激做出适时的反应。因为所有的感知体验相对认知的理性分析而言是如此含糊不清，只有依赖先验经验，并把感觉经验注入其中才能用来指导行为。因此，我们不能故步自封地认为经验一定是来自感官，为此我们需要对感知进行更深的认识和了解，所以我们将要解决两个问题：① 如果感知的目标是把感觉经验注入到先验经验中来指导行为，那么这个目标是怎么完成的呢？② 既然感知有可能并不是基于感觉经验，那么依存于认知的推论经验和观察经验之间的区分在哪里？

根据吉布森的直接感知理论，人们的世界观结构是个体对可利用信息的摘取，特别是个体在所处环境中所获得的感官信息，感知随着时间不同呈现出动态化特征。因此，吉布森认为没有必要给感知限定必要的范围，人们处理外界信息最重要的是认知，也就是对信息的处理，国外学者在 20 世纪 80 年代对技术风险认知所给出的定义是：技术风险认知表示处理潜在技术危险或风险的物理信号或信息，并依此形成对该技术的一系列判断。可见，无论从词源上来讲，还是从技术特性来讲，人们把握技术风险信息最重要的并不是感知，而是认知过程。

人们的工作记忆在处理新信息的时候能力非常有限，而人们却拥有高效的长时记忆来存储那些复杂的认知信息。这些信息虽然是储存在长时记忆中，却是在工作记忆中才能产生的，也就是说，当人们吸收新的信息时，人们必须在相关信息储存在长时记忆之前在工作记忆中进行处理。因此，感知与认知在人们对技术风险的判断上从属于不同的两种过程：过程一是从感知经验过渡到认知，大脑对感知经验进行加工处理、分析和判断；过程二是所得出的结论将用于对现象的判断，这个过程中理性将很少参与。例如启发式认知和风险想象等人们用来判断风险的心理模型属于前者，常常会被媒介、同侪和其他传播元素持续改变（加强、放大或减弱）主体对技术风险的判断结论。因此，从认知学角度来讲，启发式认知和风险想象并不具有逻辑理性，图 3.1 中，过程二因为缺少了逻辑分析，所以潜在灾难很少用来制定决策[89]。然而潜在的技术灾难在技术风险认知中却是重要的预测因素[90]，人们对于风险事件的感知经验会影响到认知的前提是提供清晰且规范的风险信息[91]，只有如此，感知经验才能被“确信”。

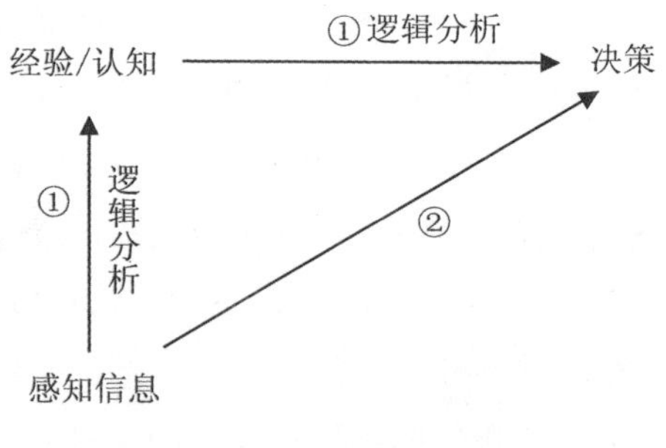

图 3.1　感知与认知的决策分歧

而需要完成感知任务，最有效的方法就是预测，并且预测解释了感知、行为和注意力所存在的多种多样的不同效果[92]。安迪·克拉克（Andy Clark）认为预测有显著的应用范围，预测法的研究进路最关键的是主体产生了预测而且根据之后发生的事件来证实它，这个过程包括持续性地对预测错误的筛查以及相关感觉经验的编译。弗里斯顿（Friston）等认为，在视觉的等级系统中，预测是由多层组成或证明的[93]。为了使预言错误最小化，神经系统自然地结束汲取外部知识来支撑预测的准确性，例如，我们都知道物体不会凭空消失，但是在魔术表演中，从视觉上我们看到的和我们预测的就会产生错误："如果在认知中'物体不会消失'完全限制了在低等级视觉系统上的反应，这个错误就不会发生，然而，低等级感知层级中的处理也被低等级预测所限制，如果处于低等级感知层级中的神经元忽视了物体突然消失这一事实，这样就会产生冲突，简单来说，我们之所以看到魔术的那些伎俩是因为主体允许那些正常应该发生在低等级预测中的错误同时发生在高等级的预测中。"[94]

从上述解释中可以看出，卢普言（Lupyan）和克拉克把认知、推论、意识看作高等级预测，把包括视觉、听觉等在内的感知看作低等级预测。虽然这种做法避免了认知和感知的区分难题，但是这种二元论还是无法解释两种等级的预测的阈值在哪里。

从认知层面形成的预测方法其实大多是从感知经验出发的推测和猜想，例如贝叶斯方法、经验预估法等。赫耳墨霍兹（Helmholtz）认为，感知是一种无意识的推论，他把感知理解为理性的基础。波兰尼在《个人知识——迈向后批判哲学》中尝试在事实和感知之间建构起理性桥梁，他说道："我们所感知的每一个物体都是我们在一个被认为是静止的背景中本能地想象出来的。"[95]因为知识是产生推论的前提条件，而根据推论人们又可以用来预测下一次的感知内容并掌握内在规律。因此，在产生感知之前，人们会根据自身知识对周围环境或者事件产生预测行为，例如看到楼房倒塌预测会发出轰隆的声音。然而，因为知识的产生并非总在所有可能性情况样本的概率研究之上，这种惯常性的理解往往也会导致预言过程的偏差。

二、认知框架的中立价值与技术的风险建构

起源于 19 世纪中期到晚期的心理学研究旨趣主要是自然科学和人的关系。因此，早期的心理学家关注的是精神物理学，即物质信号和主体之间的关联，于是，在 20 世纪的生理学和心理学研究中将

外在信号转译到与情绪有关的状态中。当代认知科学的发展与技术息息相关，最早在认知科学上的研究起源于进化心理学，自计算机诞生之后，科学家们通过模拟心理学实验从而帮助人们解决与认知相关的疾病，例如认知障碍等。20 世纪以后认知学从心理学独立而成一个学科体系，随着认知科学的发展，在当代产生了诸如具身认知、认知渗透等细化的认知研究，人们对外部世界的理解和观点也发生了改变，并不是外部物件引起人们的关注，而是由于人们经验、知识对外物的观察，于是人们从对外部世界的体察转向了认知的内在架构。而我们在感知的现象学分析中可以看到，心理学不具有应然性，感知同样如此。胡塞尔认为，逻辑学和心理学的关系是部分和整体的关系。因此，人们发现，如果有一种方式可以引导人们对经验的理解，那么我们必须依靠人们的认知框架。

最近的研究显示，人们对风险信息表现出浓厚的兴趣并表现出越来越明显的参与意愿：人们是如何暴露在风险中，风险的含义，风险的后果、可能性和可操控的信息等。这意味着技术主体需要确切的信息来确定他们和技术风险的关联程度，同时，每个技术主体存在着独立于政府等公信机构的风险认知框架，该框架用来促进定义问题并客观描述与技术风险相关的事物。风险认知框架可以看作操作一个筛子改变可考虑因素的分量，澄清或者摒弃主体经验中的不认同的信息，用以影响其自身期望或对事件进行解释。然而人们的风险认知框架对信息的处理能力不同，在日常的风险信息处理中又缺乏专家的帮助，从风险认知框架中得出的结论会内化到人们的经验中，从而造成人们对风险信息难以判断真伪致使产生对风险信息的盲从行为。

为了让人们的认知框架成为制定决策的主要依据，为了让人们的决策理性化，18 世纪英国牧师托马斯·贝叶斯将主体的每一种意向性导出其可能产生的结果，通过这种统计学方法给予主体在决策时可以选择的最优方案。然而，该方法即当代人工智能领域应用广泛的，我们在上文提到的贝叶斯方法，人们对技术的认识将技术推向符合人类行为的标准上来使人们的认知框架更具理性。贝叶斯定理是人们对可能性结果的或然率判断，作为一种统计学方法，虽然贝叶斯定理诞生于 18 世纪，却没有被人们建构在技术风险认知中。而专家们对技术风险认知所表现出来的非理性和主观性诟病已久，技术可以通过简化或重组目标行为来提高人们执行目标行为的能力。例如，安装向导可以影响任务完成——包括完成用户未规划的任务（如安装其他软件），而劝导性技术也可以使用交互性和叙事来创建有说服力的体验，加强使用者的技术信念——通过激发同情或探索事件间的因果联系。

当代社会的经济系统所流行的有限理性理论是人类决策理性化的主要标志，而有限理性理论基于物理符号系统假说，该假说认为认知通过处理外部环境在人类内部的心理象征性表征来产生观念和想法，有限理性理论的产生意味着认知心理学的研究进路逐渐脱离了认知主义所依存的主观中心主义。而从感知经验基础上产生的启发式心理表征和偏见与知识的相关性并不明显，因此，当我们强调决策的公正性时，我们对认知的了解和控制有益于对未来技术风险决策更加公平公正。

三、 认知渗透形塑下的技术风险认知

我们提到的认知架构需要成为人们决策时所依赖的中立价值体系，然而在最近的认知心理学研究中，认知渗透成为不可忽视的一个影响认知中立的重要元素。认知渗透是主体认知状态的逆向影响，是一种离身认知。作为一种环境认知的技术风险认知一方面受到认知渗透的影响，不仅仅从外部环境内化感知经验，形成认知架构。另一方面，从内部来说，风险概念被瓦解、重构，视觉经验不再作为除错的去谬防线。不同的关注点所给予的视觉经验将处于技术风险环境中的主体产生多种形式的表征，而主体意向的前置性推测改变了技术原本的属性外缘。技术的发展对于大多数技术风险认知主体而言，正确评估技术风险变得愈加困难，难辨真假的信息所构成的认知会影响人们的感知经验。而技术风险认知是人们处理潜在技术风险的物理信号或信息的过程，并依此形成判断是否接受技术的感知，人类的目标指向行为来自就结果而言的预期心理能力和行为表现，期待、知识和目标都能塑造感知，于是人们允许对技术收益有利的信息进入认知，满足人们对技术收益的期待而忽视技术风险，

尤其是随着信息量的增加，认知系统会过滤不被经验所接受的信息从而形成认知壁垒。基于此，认知渗透对于人们的技术风险认知形塑的重要性不置可否，对于因认知渗透所产生的技术风险认知问题也成为提高技术评估的准确性、避免认知异化所必要的考量因素。

1. 认知的可渗透性与技术主体的关联

“认知渗透”一词最早由加拿大认知心理学家泽农·W. 派利夏恩在 1999 年提出，他提出“如果一个系统是认知渗透的，那么这个系统的功能就变得极为敏感，系统可以和主体的经验建立一些逻辑关系”[96]。派利夏恩认为，认知渗透需要通过一条连续的语义路径来连接处于系统的两个有机体的目标和信念。因此，这个定义确定了认知渗透所需的必要条件，也确定了经验的可谬性。

之后，美国犹他大学的达斯汀·斯托克（Dustin Stokes）教授指出，派利夏恩的定义中所强调的经验之前的逻辑关系成为认知状态渗透到感知经验的前提条件，也就是认知的内容必须具有逻辑推理能力。斯托克认为，认知渗透可以跨越这个必要非充分条件，他指出，“认知可能会反过来影响感知而不需要语义层面的连贯性作为必要条件”[97]。因此，为了避免认知渗透理论中“概念”和“认知”二者意义的重叠，当认知渗透到感知将至少呈现出两种特征：其一，通过语义构建的概念成为认知的含义；其二，认知的改变需要历时性的经验积累。为此，他认为认知渗透的定义应该如下：当且仅当一个感知经验 E 在因果关系上决定于一些认知状态 C，且 E 和 C 的因果关系仅存在于精神层面，那么 C 就对 E 产生认知渗透。[98]

该定义将派利夏恩的语义标准去掉，把认知状态和感知经验的关系限定在精神层面，避免了语义层面标准性逻辑造成的理性混乱。但是该定义仍然缺乏结构整体性，若将认知渗透作为过程来看，如果认知 B 被认知 A 所渗透，不仅 A 和 B 的感知经验间接相关，而且认知渗透过程存在着相互的认知元素吸引，因此 A 和 B 具有双向的认知倾向性。这种互为的认知倾向为技术和认知主体之间产生认知渗透提供条件，正如波兰尼所说：“人们依赖工具是因为人们相信工具提供某种用途，记号或符号仅仅是在依赖它们取得或象征某种东西的人的眼中才被视为记号或符号，这种依赖是一种个人寄托，被包含在一切智力行为之中”[95]。也就是说，信赖、收益、情感、理念等影响主体的认知元素都有可能促成经验的认知渗透，因此认知渗透研究要考虑到认知主体的特殊性。

“设计制造出来的器物才能更有效地承载特定思想，才能更有效地发挥教化功能。”[99]20 世纪初，哲学家们对意识和语言的研究已经证明认知成为研究技术本体论的依据和前提。作为处于技术社会化周期内的个体而言，任何一个技术主体对于所接触的技术的观点往往嵌入在技术自身的功能表象上的价值预估，而在信息、符号不断解构、重构、分离、耦合的过程中，缺乏技术经验和知识的主体在长时间、碎片化的信息符号的渗透下对技术的原初认知产生了变化，不仅如此，由于经验的延时特性，对于技术主体来说认知渗透过程中的任何信息符号甚至影响认知之后的技术行为。

技术风险是一个复杂系统，无论是从创造技术的行动主体角度，还是因技术复杂性或人类的易错性导致的技术系统的失败，处在这个复杂系统里的主体受到技术知识体系的匮乏的制约而难以建立、激发系统有效的风险认知。当谬误隐藏在技术风险系统中，任何嵌入到意识的细节如同湖底的“石子”变成意识世界的一部分渗透到感知，进而变成可供参考的知识，从而影响所观察事实的中立价值，导致人们看到的是他们所希望看到的而不是客观存在的。技术风险系统和认知主体的特性为认知渗透提供了空间和时间条件，如此，技术主体所依赖的感知经验是无法验实的。然而，学界对认知渗透，及其对技术主体在风险环境中的作用研究却相对匮乏。拉图尔的行动者网络理论认为，一个行动者的行为建构是多个因素共同作用的，因此在研究人们的技术风险认知时需要将内因（认知渗透）和外因（风险环境）作为相互作用的两个行动者来体认二者对技术主体的作用及因此而产生的认知嬗变。

2. 认知渗透下的技术风险认知嬗变

我们在上文提到人们在判断时常常使用自动思维，这是因为人们对自我认知中的信念深信不疑，不仅仅是经验的产生通过了人们认知架构的逻辑筛查，人们的意向性也对判断有着直观的影响。从技术风险认知上来看，知识、价值和情感都影响人们对技术风险的接受或对技术风险程度的思考和判断[100]。根据以上技术风险认知的形成原因和技术风险环境的特性，人们的技术风险认知将产生两个相反的结果：其一，认知渗透改变了技术风险的属性范围，放大了人们对技术风险的感知；其二，认知渗透顺从人们的意向性片面放大技术收益，忽视技术风险。

事物属性的多元化决定了人们对事物属性的把握需要认知的参与，因此马克思指出物是许多属性的总和，通过事物本身所固有的性质与其他事物之间相互联系才能表现出来物的属性。斯宾诺莎则进一步指出认知对事物属性的作用，他认为属性是用来理解实体的形式或方式的知性或理智。然而在技术风险认知中，人们做决策时使用的线性思维（例如启发式直觉）缺少了知性的参与而过多地被情绪和情感所左右，因此人们对技术风险的排斥通过认知渗透表现在感知经验上，造成了技术风险属性的外延，例如从工厂发出的轰隆声在看过工厂爆炸消息的人们听来格外刺耳，受到枪支威胁的人觉得枪的杀伤力更巨大等。认知科学家们通过研究发现，物属性的外延是主体对不同对象的心理效价和情感机制共同作用的结果。万·尤勒兹（Van Ulzen）在一个认知渗透试验中证明了该问题，他们用不同的物品来代表不同的心理效价，受试者被安排在一个电脑屏幕前，电脑屏幕上显示三种心理效价的图片：一把枪、宠物和蘑菇，分别代表消极心理效价、积极心理效价和中立心理效价。测试结果表明，主体对消极心理效价的图片在视觉上反映出来的比另外两者更为明显[101]。

认知渗透对风险属性的外延不仅受到情绪的影响，高等经验也决定了一个人的感知[102]。学者们将感知经验分为高等经验和与此相对的低等经验。按照传统的视觉感知理论，人们视觉信息的处理初期完全来自低等经验，而且不会受到认知影响，直到人们给予复杂信号以意义的思维过程放置在一个理论和概念化的层面，即我们对某物的判断和理解可以与大脑中的某些经验或者知识结合，认知渗透会以某些形式暗含在高等经验的内容中。从现象学角度来看，所有从感觉得出的结论都是基于当前环境下的经验判断。帕构迪奥缇斯（Pagondiotis）把认知渗透看作一个逻辑相关，即个人的实践经验支撑了他的信念，从法则论的可能性来说两个拥有不同视觉经验的客体当看到同样的事物且处于同样的外部环境中，就会造成不同的认知状态[103]。当某一领域的专家（例如昆虫学领域）X 和普通人 Y 一同走在氤氲的树林中，树上的知了发出了声音，Y 会觉得声音打破了宁静的环境而感到厌烦，X 则联想到声音背后所透露出来的节气、雌雄等信息。这就解释了面对同样的技术风险表象，专家和公众之间的认知差异——技术专家虽然拥有更多的技术风险感知经验而在无意识状态下惧怕技术风险，但是这些经验所架构的认知系统可以让专家过滤掉非理性干扰而优先关注表象背后的理性事实。

根据罗斯科格尔（Rothkegel）对技术风险的定义，技术风险是主体有意或者无意行为所引起的非理想结果[104]。这个非理想结果包含了对不确定性和有害性结果的预知，也包含了对未达到收益的不满。因此，主体在判断技术风险时也包含了对技术收益的期待，正确而理性的技术收益会有效推动技术社会化，促进人类和技术的良性互动。因此，利益感知，尤其是对个体或环境而言可以缓解风险认知的负面影响。

人们对技术收益的期待效价可以基于理性和逻辑，不同于上文我们提到的技术风险效价，技术风险收益结合了个体对技术的前瞻性期待，相比较风险结果，风险收益可能在引导主体的注意力方面更有效果[105]。奥萨西奥斯（Athanassios）认为注意力是一个选择过程，这个过程里将一些信息快速、优质、深入地传输，这些信息就能有更好的机会引起或者影响行为反应[106]。然而大脑的信息处理有限，在既定的时间范围内不是所有的感知信息都会被大脑分析处理，于是绝大多数的其他信息让步于对主体来说具有吸引力的信息。因此，人们在面对技术收益的时候，就因为认知渗透而选择忽视技术的负面结果和潜在风险，主体迅速而有效的行为依赖视觉刺激的识别和注意力的选择，注意力既回应突出的感知刺激，又符合主体的意向性和期待[106]。这种期待会造成主体对技术收益抱有极大信心而变得过于乐观，从行为上更乐于接受新技术。有学者将这种行为用理性行为模型来分析，基于技术风险认知中的收益期待却不能简单地借用经济学上的理性行为模型来分析判断，这是因为理性行为模型最大化了实用期待，尤其是对于风险收益者而言，他们更倾向于把风险看作在技术身上获得高收益的挑战[107]。

相对于理性判断，技术风险认知也可能因信息过多产生抵触转而依赖直觉反应或者本能。1916 年瑞士心理学家荣格在《心理学与文学》中对先验认知提出了“原始意象”的概念。他指出，“人类从其祖先和前祖先那里继承下来的最古老、最普遍的经验形式，如对黑暗的恐惧、对陌生事物的好奇和防范等，……它们沉睡在无意识之中，只有在特定的情况下才能呈现出来，促使人以本能的方式对外部事物作出反应”[108]。荣格的话告诉我们，对于技术风险的负面观感（如恐慌、排斥）在主体的认知中早已产生，触发这种原始恐惧所需要的仅仅是一个主体所接受的信号。

英国哲学家 C. 麦金认为，“当某一类心灵 M 的概念构造程序在其自由支配下无法应用到对性质 P 的理解时，对于性质 P 而言，心灵 M 在认知上是封闭的”[109]。这种情况的发生可以基于两种可能：一是个体缺乏与 M 相关的知识和经验。例如，在没有系统的核能原理、危害、预防和补救等知识体系的个体而言，核事故的报道是形成认知渗透的影响因子，因子越多认知封闭越容易形成。二是个体的自由支配经验偏离 M 所需路径，也就是信息干扰。我们上文提到，当认知主体面对庞杂的信息时会根据喜好让大脑筛除无关信息，因此人们更愿意相信自己所相信的。单纯从信息处理能力来讲，个体所能处理的信息远小于当前社会所产生的信息量，于是不符合甚至歪曲事实的信息却因为技术开发者的经济利益而被散播，于是带有意向性的信息（主动或被动）激发主体接受度。由于认知渗透的作用下的技术风险属性外延，敏感的认知更容易激发原始意象从而形成认知封闭。

许国志认为，“通过具有方向性的引导机制，从而减少个体在既定时间内的信息量是有必要的”[100]。而要实现对认知主体意向的方向性引导则需要从信息环境加以规范。形成认知渗透的前提是感知信息进入大脑后形成相对稳定的认知架构，感知信息量需要控制在一定的范围内才能被理解、分析、筛除和认定。当前学者们认为应该增加技术风险的相关信息，以促进人们掌握更多的技术知识。然而，事实上过多的信息不仅影响人们产生稳定的认知架构，更会导致认知过载阻碍人们对技术的正确认识。

当人们在解决问题时，各种认知活动中所需的认知资源超过个体的资源总量就会影响个体解决问题的效率[110]。通常而言，人们只能意识到工作记忆中所存有和处理的信息，然而工作记忆处理新信息的能力非常有限。正因为这样，很多学者对工作记忆的信息处理能力进行了认知神经学研究，并指出了工作记忆的限度：根据处理事件所需的认知资源不同，每一次工作记忆可以存有至少两个，至多七个事件的信息[111]。这些研究结果表明，由于信息的摄入时间和大脑处理能力的限制，处在庞杂信息中的主体认知往往具有非理性的表象。除此以外，工作记忆中视觉信息和听觉信息是从两个彼此独立的渠道来处理的[112]。视觉信息和听觉信息如果同时输入将会增强工作记忆的认知能力，信息的多元化输入不是简单的叠加效应，而是一种复合化认知，当主体在回应不同信息的时候容易激发潜在风险意识甚至自我强化这种认知，也就是说，即使增加了技术风险的相关信息，人们仍然会产生认知偏见。

基于不同的经验的个体通过不同的“关注点”来判断同一件事或者同一个环境，如果客体展示出与主体之前相联系的客体相似的特征，那么主体会优先关注该客体[103]。可见，信息符号对于认知主体来说并不是越多越好，准确而有价值的信息是技术风险主体建立认知的必要条件。正如哈贝马斯所强调的那样，现代技术的发展所带来的危机是理性危机，而且存在于以语言为媒介的文化系统。在哈贝马斯看来，语言功能的实现是完成社会合理性的必要条件。笔者认为，技术风险认知主体在筛除信息时需要将与技术相关的信念和专家知识进行对比确证，以寻求重叠共识从而提高对技术风险的判断准确率。

20 世纪末诞生，发展至今仍然活跃在学界的技术风险认知是人们对技术接受、排斥、创新与规范的必要前提。20 世纪 80 年代末期，卡尔·波普尔除了提出划时代性的科学上的证伪原则外，他和埃克尔斯敏锐地指出了情感和信息对人们技术风险认知的结构性作用，他们发现能够积极地参与解读优势大脑半球的联合区域是能够具有言语和意向性或多通道输入信息的区域[113]。感知和认知依赖不同的建构系统，生物体所进化的感知系统的功能是用来适应他们所存在的、稳定的外部环境[114]。而当感知经验进入到认知中，个体的外部环境的力量不能明显地影响对技术适应的行为意向，认知渗透的引导作用无可置疑地颠覆了以往技术风险认知研究的圭臬——从初性到次性的具身过程。对于大多数人来说，技术风险认知并不是固定的，而是一个对环境而言的因变量，因此“多安全才能算足够安全”[115]（How safe is safe enough?），成为随着技术伦理发展而发展的问题。随着我国技术创新进程速度的提升，认知渗透对人们的技术风险认知影响将更为深远。

第三节　技术风险认知的媒介环境及语境

技术风险认知和其他认知类型一样依赖经验的获得，经验分为两个部分：直接经验和间接经验。直接经验来自主体内部，例如感知器官所看到、听到等；间接经验来自语境。我们上文所叙述的心理环境属于前者，而我们接下来要论述的则是间接经验的获得、建构与伦理规则。

对于公众而言，他们所获得信息大多数来自媒介，但是媒介并不具有中立性，很多媒介试图代表公众的声音，将公众态度片面化地与自己的利益相契合。这样所带来的结果就是在制定决策时，制定者不得不满足各种利益相关者的需求而导致技术管理过程变得复杂而冗长。对于公众来说，他们在技术风险认知上信任政策制定者，因为公众认为制定者（政府、大众媒介、个人）有责任保障公众的利益，因此公众并不具有强烈的技术风险认知。斯诺维克指出，风险评测和分析（主要来自媒介）应该提供谨慎的、完备的和公正的信息，帮助政策制定者理解问题产生的原因并提出解决方案。那么直接经验和间接经验哪个更具影响力？纸质媒体、广播、电子媒体哪个技术风险传播更直接？媒介是如何作用于技术风险认知的呢？

在社会当中，媒介仅仅是形成语境的一个部分。克拉克发现人类的交流过程所创造出来的最早的认知技术——语言，不仅建构了人类的思想，更完成了人类智力的蜕变。而组成语言的符号随着互联网技术的爆发呈现出对人类智力前所未有的形塑能力，当公众对特定危险的警告掺杂了想象就会让这个问题变得更加严峻。那么技术风险认知的语境是如何产生的？语境以及媒介对技术风险认知产生了什么作用？

在本章节中将对上述的种种问题从三方面来展开探讨：其一，媒介对技术的社会形塑如何形成人们技术风险认知的前认识；其二，从媒介生态学视域下详解媒介对技术风险认知的修造；最后，技术化语境的形成及语境对技术风险认知的作用和影响。

一、 技术形象的媒介介入机制与风险认知建构

媒介，作为技术的子系统一直被包含在技术框架内。但是从某种意义上来说，媒介影响着技术的产生和传播过程，包括科学技术与社会（STS）学者在内的学者们通过各种不同进路探讨、研究媒介在社会中的作用，尤其是在技术的社会化过程中的作用。英国社会学家吉登斯认为，现代社会是一个危机文化社会，人们质疑新事物同时又拥抱新事物，这种心理尤其表现在技术方面。因此，技术的社会形象是技术社会化的关键因素，技术的社会形象的塑造简称技术形塑，而技术形塑一直以来伴随着社会群体的接受能力和接受者心理环境不同而改变。在对技术的社会形象塑造方面，媒介依托自身优势控制着技术的社会形象的塑造的话语权，同时媒介也是技术，具有所有技术属性。本书将媒介重新整合，即把媒介既当作媒介，从媒介属性的三要素研究媒介对技术的形塑作用，又从技术属性入手，研究媒介在技术社会化过程当中的影响。

技术指代为了满足人类需求而对物质世界产生改变的活动。最初人类对技术并没有太多认识，随着技术家族的日益庞大，人类开始意识到技术是社会不可或缺的一部分，也不断改变人们对技术的看法。如果从技术史的发展脉络来看，技术的社会形象发展是伴随着社会生产力的发展而产生了微妙的变化的，这种微妙的变化是由多种因素共同构成的，包括人类文化发展水平和科学传播速度等。

1. 技术形塑——技术认知的第一阶段

技术的社会形象是指技术在社会群体中业已形成的看法和评价。唐·伊德认为新技术的发展给人们带来了新的选择，同时剥夺了技

术产生前人们拥有的部分权利："我们可以认为技术不仅可以给我们认识世界的新视角，也可以隐藏事实。技术不仅创造选择，也改变现有选择。例如，汽车可以载人从 A 到 B，但是这个选择却很难再享受安静。"[116]人们做不同的选择会影响人们对技术形象的不同认知，从而作用于技术的社会化进程。李伯聪教授对技术的社会形象塑造者概述为特定时间的特定人群，而且这种形象是被这时期的特定人群"所公认的技术的形象"。对于科学社会学家来说，技术的社会形象是一个比技术的本质更加重要的问题，技术被作为一种社会建制中的一员来看待。李伯聪教授认为，技术的社会形象是一种固态形象，它一旦形成，"便具有很大的稳固性"[117]，不但抗拒理性的反驳，而且可以抗拒经验的否证，因此，技术在社会当中的塑形成为技术被社会其他成员接受的前提。在技术的社会整合论看来，技术的发展过程就是技术的社会整合过程，社会的自然、政治、经济、文化等各种区位因素以及社会心理各方面影响技术的社会塑形，形成并谋求实现技术的社会角色。而社会角色的确立需要社会各方面的认同和接受甚至是融合，形成什么样的社会形象对于社会角色构建有相当重要的影响。

技术社会角色的正确完成不仅是技术的内在要求，也是谋求人类福祉的必然要求。树立正确的社会形象关键点不仅在技术本身，其他社会因素也起各种各样的作用：政策对技术发展的指导性作用，军事对技术发展的刺激性作用等，而媒介是社会宣传的主要力量，也是公众接触新事物的第一元素。从媒介角度来看，媒介对社会群体的宣传效果是很强的，而这种宣传给受众留下的印象也是难以改变的，从这点我们可以看出，技术和媒介有很大的共性。技术对于媒介相当于大脑对于思想，技术是一个物质仪器，媒介是这个仪器特定的象征符号，通过这个符号技术才能找到"它的社会身份"[118]，媒介一直影响着技术发展，因为"技术哲学很难在环境语境中找到自身的话语权"[119]。

2. 技术风险认知的媒介形塑

社会需要从社会学角度来说就是社会期待的问题，也就是技术的社会化问题。陈凡教授就提出技术和人类一样，需要"知晓自己的社会角色，并塑造好社会角色”[120]，这是技术的本质要求，同时是技术风险认知形成的必要社会条件。成功的社会期待（或社会化）需要足够的时间来完备地建立被期待对象的形象，使其完备地意义化。埃吕尔曾经在他的《技术社会》一书中表示，通过技术的作用，混乱的社会发展正变成更有秩序、更加合理和更符合理性的社会发展。社会元素的增长必然有技术的推动作用。埃吕尔也在文章中指出，技术的产生把人类从古代限制的整体中解放了出来。从古至今，人类要面对天然自然和人工自然带来的各种困难和挑战，技术成为人类第一选择，由于社会需要，技术不断产生。科学哲学家吉本斯等在《知识生产的新模式——当代社会科学与研究的动力学》中首次提出了“模式 2”的概念。“模式 2”是吉本斯对知识生产过程的全新描述，是相对于“模式 1”提出的。吉本斯等认为“传统意义上由科学家在各自学科领域内以自由地追求知识探索真理为目标的研究模式”[121]，已经发展到以明确的市场为目标导向的知识生产过程。后者被称为“模式 2”，换句话说，“模式 2”指出科学知识或者技术知识的目的是解决“具有经济和社会目标的科学问题”。相比较科学知识的产生和发展过程，技术从孕育到发展更需要贴近社会的需要。社会需要是技术增长的动力。我们可以理解为：自然是技术产生的基础，社会才是技术繁荣的条件。

关于技术的社会形象的接受问题，国内学者大多认同重点在受众的心理调适问题（也有学者将心理调适理解为态度）。由拉图尔等学者组成的巴黎学派提出了行动者网络理论（ANT），该理论把科学知识的制造过程看成一个异质性网络的建构和扩展过程，参与的行动者包括人和非人，他们之间通过转译关系组合在一起。在这个网络中各行动者之间不是单纯的线性关系，而存在多方面的相互建构过程。传播社会学中将受众的心理调适理解为受众的社会基础和前社会化过程中的背景相调和作用的共同结果。因此，在技术的形塑过程中，从媒介的角度要多方面考虑。技术哲学家休斯认为，充分理解技术的社会过程需要考虑许多相关知识。我国的王汉林教授曾在文章中指出：如果说在工业社会中的社会等级制度主要是由物质生产资料所有制的关系决定的，那么在目前拥有信息技术则成为等级制度的决定性因素[122]。媒介良好的传播功能是技术形象最好的“设计师”，本节中我们将技术哲学的研究方法和传播学的研究对象相结合，将技术风险认知的媒介环境通过三要素来分析详解。

根据技术社会学对技术的界定，认为技术有三方面的含义：技术产品（电视、汽车等）、技术过程（炼钢、采煤等）和技术知识。技术知识是技术产生的源泉，作为第一批技术知识的拥有者或者制造者需要将技术知识传播到社会群体中去，于是这类人便成为第一层的传播者，国内外学者已经开始将目光转移到技术的初期——设计阶段，荷兰 3TU 协会提出的 VSD 概念（value sensitive design）和劝导技术（persuasive technology）等建议将道德价值加入到设计过程当中。荷兰学者维贝克在扩展了人工物道德的基础上提出了道德物化概念[123]。道德物化是指将外在于社会的道德内化到人工物的构造之中去。设计师是第一层传播者，他们将嵌入的社会道德和设计理念嵌入到人工物中，并传播出去。考虑到技术塑形的目的，嵌入到技术人工物的道德应该和社会普适性道德相结合，海德格尔曾说过，技术人工物应该被理解为人类和现实世界的联系纽带。而在技术设计阶段，越多的相关利益集团，例如政府、经济团体等的道德利益加入到技术设计中，并成为技术传播者，越容易使技术在社会当中被大众群体所接受。

传播载体分为两种：一种是我们上文提到的本身是传播载体的技术人工物；一种是为技术人工物宣传的各类载体，包括语言、文字、图像、声音等。技术的演进过程就是一个技术形态变化和相关社会群体选择不断交替的过程。由于技术的受众群体多元化，不同的相关受众群体对技术的具体要求不同，贴近受众要求的技术特征被媒介传递给受众才容易完成技术社会角色建立。作为媒介的技术人工物本身需要被社会群体所接受，自身需要不断根据被接受者的社会群体需要而塑造自身形象，嵌入到社会当中的技术需要一个准线，也就是调整的过程，这个准线是社会给予技术物的。决定技术后果的是使用技术的社会条件。符合产生技术的社会条件的技术才能更好被接受。通过社会群体不断给设计者的反馈，技术承载越来越多的社会意义。因此，媒介的社会意义依赖于它被使用的社会环境并随之变化。

多种形式的媒介是传播效果最重要的控制群。语言是人类产生之初最基本的交流载体，科学哲学家很早以前就研究语言学和语义学对科学技术的影响。技术哲学家们也逐渐关注到言语对于技术的影响。技术哲学家平齐和比克认为修辞学可以达到平息技术争论的效果。除了在修辞学方面，为了平息技术争论，人们不一定要解决一般词义上的“问题”，让相关社会群体认为问题已经被解决也是可行的途径，比之于语言，声音、图像等信息载体比语言更能导向受众的关注点，而对语言到图像的多形式媒介的综合运用则会极大增强传播效果。

传播效果是指传播对人的行为产生的有效结果，具体指受众接受信息后，在知识、情感、态度等方面发生变化，并以此衡量是否达到传播者的意图和目的。一个技术人工物或者技术知识被社会大众所接受是需要一个接受周期的。媒介传播的作用是缩短这个周期，而且在周期内所发生的由于各受众团体不同的需求，导致的可能出现的冲突现象也需要通过媒介来缓解。我们从技术知识和技术人工物两个方面来说明传播效果控制问题。

从技术知识层面来讲，因为受众不同，传播技术知识我们可以大概将其分为基本知识和上层知识。基本知识是指普通大众所能接受的，被多数人所熟知的知识；与此对应的上层知识指代的是技术的专业术语、名词，或者是需要专门学习基础知识才能理解的内容。因此，不同受众群体如果要认识甚至接受新发现的上层知识，没有特定的基础知识做铺垫是无法内化新的上层知识。技术体系的发展需要更多的人在了解基础知识和上层知识之后创新，以求更多的人参与技术体系知识的更新。

从技术人工物方面来说，我国著名学者戴元光说过，在交往手段高度发展的今天，大众媒介已经成为重要的公共领域。也就是说媒介为信息的传播不仅提供了通道，而且提供了平台。受众从大众媒体得知新的技术产生，对技术的认同度一方面是媒介对新技术的报道程度，包括语言学中的用词手法和修饰，不同的修饰语和不同程度的修饰语都可以对受众的接受程度造成影响；另一方面是受众之前对技术的既有认识，比如对核能的认识度和了解度等，如果受众之前接受核能给人类造成的负面影响大于正面影响，就会自然地将与核能相关的新技术给予负面印象。因此，技术人工物通过媒介面向更广泛社会群体之前，设计者越细致地将技术人工物的本身问题解决就更容易让社会群体接受新的技术人工物。

媒介场域是媒介在社会中通过传播所形成的一种舆论引导，这种引导尤其体现在影响社会部分或全部群体的观念。社会学家阿伦特认为社会是个体意识的绵延，是各种个体意识的集合体，她将社会理解为私人领域的扩大化、公开化，从而形成一个“非私非公的怪物”[124]。伴随着现代人与社会媒介平台之间的相互作用越来越紧密，媒介环境或许和物质环境一样已经成为社会空间的中心。这种鲜明的特征尤其体现在媒介由个人观点引发的群体效应上，这种效果也就是媒介场域的效果。媒介场域的效果在媒介生态学中通过对人们的行为和心理研究得到体现。尼尔·波兹曼是纽约大学的媒体文化研究者、技术学家和媒介生态学家，他从媒介的内在性质洞悉媒介对社会的影响，从而提出了媒介生态学。他提出技术进入社会的过程中占据了人类的思想和观念，并且这种从潜意识的占据使得社会变成了技术垄断的社会。他认为随该过程而来的就是对社会文化的侵入，而且这种侵入往往在社会人无意识的情况下进行。值得一提的是，技术不同于自然人，自技术诞生便携带着很深的社会烙印，包括创造者的意识、伦理，以及技术所带来的文化等。现代技术理论认为技术和社会的关系不是简单的因果关系，而是相互影响，技术不决定社会，而是作用在一个复杂的社会环境中。学者阿伦特认为，家庭私人领域生产活动进入了政治公共领域，从而既消灭了私人领域也消灭了公共领域。

媒介场域对技术的形塑体现在两个方面：宏观和微观。不同场域的媒介具有各自特色，这使得它们有不同的物质、心理和社会观。在微观层次，媒介环境关注于媒介如何影响特殊情形下技术与人的相互关系。在宏观层次，不同媒介促进技术与人们之间的相互影响和社会建构。在笔者看来，媒介场域的微观影响在于媒介对社会人的行为和心理改变，以及宏观方面媒介与社会文化相互作用产生的技术角色，尼尔·波兹曼就将文化解释为人类和媒介相互作用的产物。

从微观方面来看，技术应该看作社会的创造物和再创造物，由人们的兴趣、意识而来。媒介影响个体的每个行为和该行为在社会中的作用，修复个体的认知观念和管理个人经验。因此，媒介是影响人类对技术认知的重要因素。

那么媒介是如何影响人类对技术认知的呢？例如电子媒介（包括网络、电视、平板等）为人类提供服务的时候，电子媒介就在潜意识中成为技术，这种技术通过影响我们意识中的符号从而影响我们的思考和决定，这种符号就是我们常说的语言。语言从本质上来说就是一种技术物，只不过这种技术物太过于特殊以至于人类早已经忽略了它的存在和作为技术的作用，人类对于不同概念的认知从给它下定义开始，也就是贴标签。当技术给人类提供服务的过程也就是人们习惯甚至是养成依赖习惯的过程，当该技术第一次给使用者提供了有趣的体验，那么在脑海中用户就会给它贴上标签，直到有一天出现故障，但此时，技术依赖已经形成。在尼尔·波兹曼看来，当代社会正处于一个技术垄断社会，在这个社会里人们被各种技术所包围而且被技术所蛊惑，如同上面的例子所说，技术的使用过程使得人们忽略了嵌入在技术中的思想。

从微观转向宏观，我们可以更清晰地看到媒介是如何影响技术的。宏观方面，不同利益相关者（包括政府、组织、个人、用户等）对新技术的认知不同、与新技术的利益切合点不同，当新技术进入媒介场域的时候通过媒介场域的宣传加工形成接受或丢弃两种行为。在社会系统中，新技术是社会系统的中心，尤其是对经济和军事的作用，而媒介技术可以看作改变文化的主要力量，因此在新技术进入媒介场的过程中，技术进入媒介场的同时被场域所在的文化所影响，增加文化内涵；文化元素也会进入技术物中，帮助或者抵制技术物的社会融入。客观地说，文化的形成和媒介场是紧密相连的，媒介场所宣扬的道德等元素既来自文化，又重塑文化。尼尔·波兹曼认为，电视是我们了解自己文化的一种规则形式，从电视媒体开始，社会中信任度的考量从理性变为感性，从分析变为直观。换句话说，在媒介场中的人们会对技术的社会形象进行前认识，然后形成技术的社会角色认同。

媒介自古至今一直在技术的社会化方面，尤其是技术形塑方面扮演重要角色。从研究方法上来看，关于技术风险认知近年来主要的研究进路是将技术与社会其他方面的互动作为主要研究对象，因此本节的由来源于两点：一方面，媒介研究进入了新阶段，即将媒介作为生态域，扩大媒介在社会当中的作用；另一方面，技术社会化成为现代技术不断发展的迫切需求，技术的发展，尤其是媒介技术的更迭带来了新的评价体系和研究方式。技术实现社会化，需要对技术进行社会调适，这种社会调适主要是指社会心理方面，即在技术的社会发展中，利用社会法规和舆论媒介对人们有关技术的社会心理及其行为进行调整过程，也凸显了媒介对技术风险认知形成的强大影响作用，“大众传播媒介利用自己的影响力，在潜移默化地改变着人们的价值判断以及生活态度的同时，也在引领着受众的行为”[125]。技术史学家 V. 戈登 · 柴尔德教授曾说过：“我们对这个世界大多数的了解并不是通过个体的感官经验，而是由听说和阅读而来，因为我们对世界的了解是社会所有成员的过去和现在的共有经验总和”[126]。传播是社会舆论的载体，在社会群体的知识量无法充分了解一个技术的时候，媒介的导向作用更是尤为重要。电话和打印机在发明之初是为了解决社会上那些无法听写人群的问题，而现在媒体对新技术产生的社会问题，例如大媒体道德、数据隐私等放大和不间断宣传，从而成为吸引媒体受众眼球的噱头，使得大部分技术风险认知主体对新技术产生或多或少的负面影响。媒介对于个体认知的影响涉及传播学、心理学、社会学、技术哲学等学科知识，在本节中笔者仅从 STS 学科和传播学中尝试将学科交叉从而另辟蹊径寻找一个对技术社会化的研究方式，因为对技术的判断，来源于个人的道德认同，而道德评定不仅来源于他们知道得多或者少，而且来源于他们所处的社会总体道德评价体系，这些都跟媒介的作用密不可分。

二、 媒介生态学视域下的技术风险认知

在本节中，我们将从尼尔 · 波兹曼（以下简称尼尔）的媒介生

态学视角审视媒介对技术风险认知主体的影响。尼尔将技术与媒介连接，写下了一系列雅俗共赏的著作，为技术哲学提供了一种新颖地看待技术的方式。在《技术垄断》和《娱乐至死》等著作里，尼尔将媒介直接视作技术人工物，在研究媒介对社会和人类的影响的过程中，他逐渐提出并完善了自己独树一帜的技术风险认知观。

人类发展至今，技术风险成为人类当前所面临的主要问题，在过去的三个世纪，技术风险变得无法估量而且结果愈加无法控制。早在20世纪80年代，风险社会学家乌尔里希·贝克在其专著《风险社会》中就突出强调了技术风险和社会关系日益密切并亟待研究。

个体对于风险的不同心理倾向（风险厌恶、风险中立和风险倾向）表现为人们纷繁复杂的技术风险认知，从信息认识论角度来看，技术风险认知展示了与技术相关的潜在危害和风险的物质信号或者信息的处理过程，以及对该技术的接受能力。从这个定义可以看出，技术风险与外界信息密切相关，通过吸取外部信息，人们才能对技术风险有所预测，而这个过程就是人们技术风险认知的形成过程。

技术风险认知是人们用来判断风险的心理模型和心理机制，它是文化背景下的判断机制，既受到文化和社会的影响，又被大众媒介等其他因素“持续性塑造（加强、修改、放大、减弱）”[127]。

按照美国实证主义社会学家拉扎斯菲尔德的说法，社会研究不是趋向于单单研究世间人事的某一领域，而是将其关联到其他领域。既然认知的形成跟信息密切相关，而人们的信息全部来自多种多样的媒介，那么媒介的改变就应该是研究技术风险认知的首要考量因素。从媒介的角度来说，人们不会用非理性的思维去评估关于技术风险的信息，但是大多数时间他们会遵从相关概念和认知，这些概念源最终都要追溯到有关风险信息的产生和传播等过程。因为一旦信息被主体接收到，常规的机制过程就是信息帮助接收者形成结论。媒介作为携带信息的主体，其强大的控制能力伴随着媒介技术的发展已经不能和以往同日而语，正如尼尔所言，在观察和记录社会未解决的问题方面，媒介所展示出来的能力没有短板。

1. 尼尔的技术风险认知观

尼尔认为，媒介娱乐化代表了技术风险。首先，从性质上来说，娱乐化和技术风险在媒介环境中是同质的。娱乐和技术风险的信息吸引力对人们来说是相同的。其次，从功能上来说，媒介娱乐化提高了技术风险的社会接受度：娱乐化的媒介环境削弱了人们理性思考和认知风险的能力，成为诱导人们接纳技术风险最好的温床。

于是，尼尔的技术风险认知观从研究媒介娱乐化对当代人的影响开始。我们可以认为他的风险认知观起源于对媒介发展史的一个纵向思考。尼尔看到了 20 世纪社会群体对视觉娱乐的沉溺，他对这个现象进行了反思并形成了《童年的消逝》这部著作。在该著作中，尼尔从微观层面探讨媒介对于儿童的影响，他认为儿童的童年轨迹从概念产生到消逝与媒介的进化史是同步的，媒介环境变化导致了儿童的接触内容和成人无异，所以“童年”这一概念因此而瓦解消逝。风险从此不仅是成人的朋友，也成了儿童的伙伴，媒介的无差别渗透将技术风险渗透到社会人群的各个层面。

不同个体的认知是一个从无到有、从感性到理性、从片面到全面的过程。如果跳跃性参与技术过程会让技术使用的主体和技术难以达到契合。尼尔认为，儿童所接触的信息是他所能获得的任何信息，在网络时代下这种情况更加严重，而认知一旦形成将伴随儿童的整个社会化过程，影响着儿童对技术的看法，这样形成的看法会形成新的风险最终嵌入到技术当中。

在此研究的基础上，尼尔进一步将这个思想体现在他的著作《娱乐至死》中。尼尔认为娱乐化并不仅仅侵占了媒介，而且扩展到其他技术和生活层面，当人们把娱乐当成一种生活方式，“其结果是我们成了一个娱乐至死的物种”[128]。而这种娱乐的生活态度最致命的是人们对技术风险不再敏锐，例如，当人们要发布风险信息，娱乐化的媒介环境给人们一种轻松的姿态，让人们认为不需要对自己的言语负责，所传达的信息缺乏严谨的态度和复杂的理论知识，这种信息爆炸式的出现所带来的结果是人们就不再相信真正有意义的风险信息。

在《娱乐至死》中尼尔将媒介划分为三种：语言、印刷、屏幕，并认为三种媒介的产生先后顺序对人类认知的影响是依次递增的，媒介的改变带来了人类思维结构的改变和认知能力的改变。媒介直接组织人类的思想并与人类的世界观相结合，媒介将自身嵌入到人类的潜意识和无数的社会形式中，从语言到印刷再到屏幕，媒介的进步带来了逐渐增强的代入感和知识信息传递的便捷性，却没有增加有效信息和情感获得。

在尼尔的另一部著作《技术垄断》中，他进一步将三种媒介技术扩展为影响人类的三种不同的文化环境：技术使用（tool-using culture）、技术统治（technocracies）和技术垄断（technopolies），并主要研究技术垄断下的技术风险认知环境。尼尔认为工具的发明主要源于两种原因：解决特定的物质世界的问题和服务于艺术所存在的象征世界。但是当技术发展到技术统治阶段以后，在物质世界中，技术或者技术物俨然变成了世界的中心，社会变成了技术发展的所需工具，技术在解决问题的同时会产生更多的问题，需要更好的技术来解决；在象征世界的技术则变成符号，影响、控制人们的认知。

通过以上从媒介到技术的研究，尼尔得出的结论是：技术最终要统治这个社会。从反思媒介到探析技术风险，尼尔的技术风险认知从媒介中走出来，进入到对技术的反思和探讨中。他以 19 世纪媒介对美国民众的影响为例，总结出人们处于一个技术垄断社会，在这个社会里人们被各种技术所包围而且被技术所蛊惑，从而忽视了嵌入在技术中的风险，正如尼尔所说“技术给了我们思考的过程”[129]。

在尼尔看来，技术的风险主要来源于几个方面：第一，新技术是一个等量交易，越好的技术所存在的风险越大，例如智能手机带来了交流的便捷，但占用了个人时间，而制造和废弃手机带来了自然污染等；第二，新技术的优点不会平分到广大的社会群体，有一部分人受益，有一部分人就会遭受风险，这样技术风险认知就不是一个广泛的问题而是某个群体的问题，而且难以调和；第三，在技术环境下，技术受益群体会设法让被危害群体接受新技术并淡化危害，甚至让被危害群体难以察觉。

那么利益群体是如何利用技术改变他人的技术风险认知呢？一方面，技术改变了人类的思维结构或者认知能力。尼尔认为，技术直接引导着我们的思维并在使用的过程中重组了我们的世界观。技术有着自己的规范，技术自产生的那刻起就创造了它自己的规则，同时创造了一系列社会系统来加强这种规则。人们在使用技术的时候就适应了技术设定的规则，因此人们对于技术的风险不再那么关注，而所得到的信息都是来自规则内的信息，例如广告，尼尔认为当今的电视广告已经从产品本位转移到了用户本位，换句话说商家的重心已经从制造有价值的产品转移到如何让消费者感觉有价值，商家通过广告的宣传作用剥夺了消费者的风险判断能力。另一方面，技术所创造的文化内容塑造、改变了人类的认知。尼尔认为语言就是媒介，我们的媒介是一个象征，而这种象征创造了我们文化的内容。具有代表性的就是尼尔所认为的技术垄断，在这个文化环境中，人类倾向于相信只有通过自动化的技术或者机器，人类才能实现自己的目标。然而人们对技术的理解并不是完善的，所以没有人可以理性地、客观地认识和使用技术，即使是技术专家也是如此，而非理性的技术使用只会导致更多的技术风险。因此尼尔断言：技术决定了人类命运。

从另一个角度来说，尼尔认为文化是带有“偏见的”，因为每一种文化都幻想着自己是社会的主流文化。我们知道技术的替代伴随着技术文化的替代，旧技术被新技术取代的过程中必然承担着越来越多的文化内涵。这些文化内涵会伴随着新技术的使用传播到社会中，人们对技术的信任是基于他们所处的技术文化背景。例如，在某国，人们走在斑马线上车辆会自觉地避让行人，斑马线在某国就是一种安全的象征，但是在另外一个国家，车辆不服从交通法规，在斑马线处所发生的交通事故异常多，人们就会认为斑马线是危险的。新技术的文化彻底否定旧技术的文化，人们对旧技术的排斥因此增加，技术风险认知也会产生偏差。

2. 不同媒介环境下的风险认知

尼尔的著作不仅代表了一种媒介生态学观点，更是一种从不同的技术视角出发的技术风险认知观。在尼尔看来，语言、文字就是最早的技术。从技术的定义来说，技术“technology”一词起源于拉丁语的“techne”，寓意为文化、技巧等。维基百科的技术定义为：技术是一种技巧、技能、方法和过程的结合体，用来制造产品、服务或者旨在完成客观物体。从这个定义上来讲，语言作为最早被用作传递信息和沟通情感的工具，虽然没有一般技术物的具象特征，但确实已经承载了技术物所承载的服务功能。因此，尼尔认为的以语言、文字为代表的技术物已经超越了人们先前认知观念里的技术物。

从语言、文字、印刷再到屏幕，关于真理的概念也随之变化。这里的真理就是人们判断对错的标准，人们认为真理是基于事实的，所以在面对风险时，人们从真理中找到解决的办法。也就是说，四种技术产生了不同的真理观代表了人们面对技术风险时不同的认知观。在尼尔看来，技术文化是人类和技术相互作用的产物，人们的技术风险认知不仅从媒介文化中来，反过来也会影响媒介文化形成新的媒介文化氛围。

和上文提到的文化略有不同的是，不同的媒介产生的文化各具特色而且需要从技术角度研究。因此，尼尔将人类技术分为四个阶段，这四个阶段改变了人们的信任机制和信息获取方式，也直接改变了人们的技术风险认知。

（1）语言——隐喻下的认知萌芽。

语言作为人类社会发展的第一个媒介，它的重要性体现在人类知识从此可以传承，而技术则源于人脑的立体思维。例如，当一个古代智人拿起木棍的时候，那是自然工具，但是当他开始把木棍削尖去狩猎的时候，技术便产生了。

媒介就是隐喻，通过隐喻我们创造了我们的文化。技术哲学家荣格认为，“语言和我们的意识是分不开的，而且语言促进了人类自身的发展，直到文字的出现”[130]。可见语言在成为技术，架起沟通桥梁的同时，也构建了人类的意识。虽然语言形成了我们的意识，却难以形成根深蒂固的认知体系，因为在人们口口相传的时代，认知的形成并不稳定，也无法形成固定的技术风险认知氛围，所以在语言阶段，认知的萌芽只能隐藏在语言环境下。

（2）文字——风险认知塑造者。

荣格认为文字是语言的继承发展者，当我们写作的时候文字和思想所表达的事情更相似，“因为我们把文字当作有形的符号”[130]，是所要表达事情的符号化产物，我们可以在文章或者书中看见和触摸到文字，在阅读中我们则间接接触到了文字所表达的事实。

言语易消失，相比较语言，文字则更加持久，这也是人们认为文字更接近真理的原因。人们在理解技术风险的时候，对于形成文字的信息更信任，因为其固定的信息存在方式，当人们去评判技术所带来的风险时，这种固定姿态就值得信任了。那么文字如何影响人们的技术风险认知呢？其一，文字形成的隐喻不仅仅是对一个技术风险给予答案，而且是重塑了我们对于当前状况的认知。基于对文字的信任，文字强大的诱导力和说服力在潜移默化的情况下，在人们思维中建立了新的技术风险认知。其二，文字在上述过程进行的同时，它会创造新的问题，这样做则转移了人们的注意力。所以即使人们有意去专注于当前技术问题，也会被新的问题所干扰。

（3）印刷——风险认知的快速扩展。

尼尔认为，在印刷世界，人们用审查机制来抑制印刷的信息爆发。在这种情况下，印刷对于人类信息的控制比之前更甚，正是因为这种严苛的作风，到了印刷文化阶段的信息变得既可控又可靠。“语言是媒介交流的规则，尤其是当语言被印刷严格控制的时候，一个思想，一个事实都连接着不可避免的结果，在言语中，事实可能为非，思想可能为空，当变成印刷物的时候这些语言就会携带意义成为指导人们思想的工具”[131]。甚至在1770年，《纽约时报》的盖兹特（Gazette）认为报纸才是认知的灵魂。

时至今日，印刷媒体仍然有强大的影响力，印刷时代形成的连贯性特征是由一系列事实和思想构成的，学者们认为印刷物鼓励人们理性对待信息。当人们应用印刷物中的信息来判断技术风险时，即使有媒体试图控制对于某一技术的风险认知也是不可能实现的，因为在印刷世界里，信息来源是多方的，而且传播速度比之前要快得多。

（4）屏幕——风险认知的爆发。

和印刷文化不同，屏幕文化携带了新的技术属性，因为屏幕媒介所受到的审查机制并不完善而且难以面面俱到，失去了抑制条件的信息在屏幕媒介时代变得容易爆发。然而从印刷到屏幕，随着信息给人们的代入感逐渐加强，让人们更容易接受和沉溺在屏幕媒介中。正如尼尔所言，屏幕媒介的强大之处在于它将个人认知直接传送进我们的内心，而不是抽象地进入我们的大脑。

当代的屏幕媒介发展到了自媒体时代，其最大的特征就是信息源的多元化，每个信息源都在试图表达自我观点的同时直接或者间接影响受众的认知。由于信息更新速度前所未有地迅速，屏幕修改了人们认知的形成过程，具体来说，前三种信息传播方式相对缓慢，并没有冲击性。于是学者们将这种屏幕所带来的冲击称为信息内爆，例如微信。于是，信息内爆成为屏幕媒介的独有特征，麦克卢汉认为屏幕媒介让“我们的中枢神经系统得到了延伸……就我们这个行星而言，时间差异和空间差异已不复存在”[132]。脱离了时间和空间束缚的信息如同洪水一般刺激着当代人的认知观。个人面对铺天盖地的信息，虽然也在面临认知架构，而这些信息却不像以往媒介那样是经过筛选的理性信息，所带来的后果就是人们对技术风险的认知往往停留在一知半解，然后又通过便捷的传递方式传递下去。

3. 媒介生态学语境下的技术风险认知的反思

威廉姆斯（Damien J. Williams）等认为，“任何尝试理解制定决策的，都需要把风险考虑在内”[133]。一般认为，当风险信息被清楚地呈现出来的地方就需要加以一些限制：适当的风险评估依赖于适当的信息摄取。如果要了解当代技术风险认知，就不仅要了解技术风险在决策当中的效果，还要更好地了解该如何对待风险信息。

尼尔认为，当代的信息都是娱乐化的，娱乐化的信息以博人眼球为出发点，对于大量的信息缺乏理性思考。卡普在《技术哲学纲要》中提出，人类内在的进步意识是技术进步的主导因素，工具和机器等技术产物都是人类骨骼和器官向大自然的外化、延伸及投影，它们扩展、强化和补充了人体器官的各种技能，增强了人类控制自然和改造自然的能力。而技术发展却是另一番图景，技术占据了人们生活的各方面，替代了人类各器官的技能，综合起来将技术作为媒介生态的主导会产生以下两点结果。

（1）风险认知的半机械化。

事实上，在技术环境中的我们已经不能完整地从自我角度评测媒介所传达的信息。女性主义的代表人物唐娜·哈拉维曾说：在20世纪末，我们都变成了理论和虚构的混合体，也变成了机器和有机物的混合体，简短地说，我们都是“半机械人”。“半机械人”既不是人类也不是机械，技术成为人类身体的延伸。我们的人性、思考能力和语言能力都是我们身体和大脑的产物，而在技术环境中我们已经模糊了这个概念，我们不清楚我们的思维和人性是自己的还是技术的。从社会层面来说，技术的发展导致了建立在工业社会之上的金字塔式的权利崩塌。半机械人从媒介中来，进入到社会的每个组织中。技术从产生到发展一直被人类认为是可利用的工具，并且是人类社会发展的标志，然而我们都忽略了我们是在什么样的环境中产生了这样的认识。

（2）技术风险信息过载及认知偏差。

人们的认知是制定行动决策的根本。而当今每个技术携带的语言符号增多让技术所含信息过量造成了信息过载，这正是尼尔所担心的。所谓信息过载，是个体由于当前的信息过多，在理解问题和做决策的时候所产生的困难，在决策制定的过程中人类的认知能力是有限的，这种有限的能力不允许人类处理庞杂的信息元素，“当信息过载发生，决策的质量就会下降”[134]。因此，信息过载直接影响了人们的技术风险认知，结果造就了不当的决策和不正确的行为方式。

从有利的一面来说，信息过载激发了人们之间的信息交流与碰撞，加速了技术产生的可能性。因为需求是技术产生的源泉，而经验是技术发展的主要力量，所有媒介技术，包括语言、文字、电子等，都是主体经验的载体，也是经验的主要输出途径。媒介技术的增加也让主体内容更加多元而丰富。多元化的信息来源促进了人类的社会参与性。正如克尔恺郭尔所说，报刊的出现让我们所有人都变成了匿名的意见分子和旁观者，到了电子媒介时代增加的参与性，不仅极大地增加了媒介技术发展的可能性，也极大地增加了人们对社会的关注和在技术领域的参与。

然而，信息过载带来的负面效果却更显著。经历过信息垄断阶段的人们习惯于对信息的采纳方式，是对信息的无条件信任，正如上文我们提到的四种媒介文化氛围中，人们的技术风险认知是不同的，信息过载降低了人们的认知能力和缩短了认知形成时间，比如把一个广告无数次播放让人们厌倦的同时带来的效果反而是深入人心。对于新技术的轰炸式宣传，规避了新技术的风险，又让该技术更容易让人们接受了。多元化传播的技术风险不断形成社会当中人们的技术风险认知，这样，风险信息的过载从一方面来说会试图劝诱人们，在技术未产生风险前采取保护行动或者改变自身行为去适应技术风险，人们无暇去理性处理信息形成技术风险认知，因此这样的过程阻挡了人们形成理性的技术风险认知体系。

另一方面，信息的涌入是在短时间内完成的，在社会层面上无法形成主流的技术风险认知，而技术却在不断更新中，这两者形成的鸿沟让人们对新技术产生了不信任，但是这种不信任却是无端的。

尼尔的媒介技术观是一个被媒介技术负面效应所放大的技术观。机器的巨大价值在于我们相信如机器般的行为是最有效的，因此机器就被看作最值得信赖的人类代理。尼尔认为，机器也会犯错也会出问题，如果在银行里机器出问题导致财产损失应该怪罪机器，却不会怪罪银行职员，为什么？学者斯坦利（Stanley Milgram）认为这种行为是代理转移：人类将自身责任的后果转移到其他抽象物上的行为就是代理转移。以上我们可以看出尼尔的技术风险认知是从技术的角度对技术自身属性的理性思考。

虽然我们都认为技术风险的主体是人，而从尼尔的研究中我们可以看出，技术不再是被人类所控制的客体，而技术风险认知也不再是以人为主。尼尔通过对技术的风险反思把技术的风险认知从媒介的角度切割开，从媒介技术发展的阶段性认知来理解技术风险，通过这种研究进路，可以弥补以往技术风险研究的以人为主导的研究理念。当今的技术风险认知来源并不是技术能做什么，而恰恰是技术不能做什么，而这一点不仅体现出技术强大的诱导力，更使我们思考技术是否需要一个语境作为对人类认知影响的前提条件。这就是我们接下来要探讨的另一个问题，即技术所创造的封闭语境。

三、 技术风险认知的语境解析

语境来自拉丁语“contexere”，意思是编织、组合在一起[135]15。

最早关于语境的研究要追溯到英国人类学家布罗尼斯拉夫·马林诺夫斯基，他在 1923 年提出语境这一概念，并将其分为情境语境和文化语境。之后在 1976 年，美国文化人类学家霍尔在他的《超越文化》一书中，根据信息传递的方式和环境不同，将语境分为高语境（high context）和低语境（low context）。在高语境中，解释的任务交给了文化，交流中的词语选择变得很重要。在群体交流中，一些词语可以有效传达一个复杂信息，反之，脱离群体之外这些词语就变得不那么有效，这个规则也延伸到文化当中。在低语境中，交流者需要更清晰地表达意义，而每个词语的价值变得不那么重要，因为每个词语所携带的意义不多。

目前对于语境和认知的相关研究主要可以归纳为两个进路：语言研究进路和心智研究进路。

语言研究进路是以言语、符号、背景信息以及语境范围等语言使用的相关元素为对象的研究进路，例如维索尔伦（Verschueren）所提出的“视域线”，约翰·赛尔对简介言语行为的研究等。心智研究进路则专注于认知的研究。例如丹·斯珀波（Sperber）和迪埃珏·威尔逊（Wilson）最早通过《关联：交际与认知》实现了语境研究从语言转向到认知，他们提出“语境是一个心理建构体，是听者关于世界的假设集，这些不是时间真实状态的假设影响一个话语的理解”[135]73。

而对于技术风险认知这个特定领域来讲，人们对语境的把握是产生正确认知的前提，洛克之前的西方主流心理学家否认人类有直接的自我认识和自我调控能力，对意义的理解如果不是面对面的交流，任何通过技术手段所完成的交流都需要语境的帮助才能完成。根据符号实在论主义者皮尔士的观点，观念（idea）和符号（sign）之间存在着解释元来连接它们，我们大多接受的是符号。因此，这些符号只有通过解释元才能具有意义，语境就是这些符号的集合，下面我们就针对语境的两方面来论述语境对技术风险认知的影响。

在语境的作用中我们可能忽略了技术的概念化所建构的技术化语境。概念化是风险作用在认知主体的第一要求，是技术社会化过程的必经阶段，技术改变我们的行为不仅在行为过程中，而且在行为前以一种特殊方式改变行动者行为的动机和原因。风险的概念化与人类认知会产生同质从而进入认知，其原因有两个。

第一，用于描述技术的复杂符号使人们忽视技术风险的存在。认知心理学家赛尔认为，语句在使用中表达了字面含义，说出一连串具有意义的词语，这同时完成了各种行为，也就是说语言不仅仅是意识形态的活动，在使用的过程中也完成了行为过程。这个观点也被语言建构论学者们所认同，语言是认知技术的触发器，从这一点上来说，词语可以看作人类早期历史上为解决问题而制造的技术物。他们认为语言创造了世界，并通过对社会事实的构建来影响和构成甚至是歪曲我们对世界的感知，也就是说通过语言我们可以了解技术本身。如果说世界是被语言建构的对象，那么技术物也同样如此，所不同的是，技术所携带的技术风险被人类的认知观所概念化之后，这个过程不仅仅是语言的作用，更主要是受到技术本身的影响，而且在某种意义上来说，人类认知中的信息构成和技术物之间需要达到真正的统一。因此，维特根斯坦认为隐喻是基于身体经验的，技术作为客体经验投射到人们的认知中并作为外部物质世界的信号引导人体获得隐喻，“这种隐喻是身体经验、人脑和心智的产物”[136]。何谓引导？我们讲 A 引导 B，一方面是 A 有强大的吸引力，另一方面是 B 本身和 A 在属性上的同质，技术风险认知的产生即证明了技术在社会中的地位造就的强大吸引力。巴塞尔·伯恩斯坦（Basil Bernstein）的“符号学理论”认为，人们用语言符号来描述自己在世界上所处的位置，符号分为复杂符号和限制符号，二者在描述事物时体现了事物在系统里的地位，符号使用得越多即形成复杂符号描述，表示该个体地位越高；反之则是限制符号的描述，个体地位也相反。同时，为了体现个体在系统中的地位，一个开放的系统需要不断增加系统内个体的数量。在这个开放系统中，就需要用到复杂符号来确定个体在当下所处的位置，人们不论是惧怕技术风险，还是欢迎技术收益，对技术的描述都是使用复杂符号。因此，当人们和技术的关系开始时，技术就处在系统的中心位置，之所以技术所带来的风险往往不容易被发觉，是因为利用复杂符号的个体会被描述成“适应广泛受众和不同特质的人群的……复杂符号将感觉和思维、个体认知和社会责任分离”[137]。

第二，技术与人类相融合改变了人类原本的技术认知所携带的意义量。莫顿在《没有自然的生态学》中认为人类是一种机械人，因为我们成为“我们自身”的东西——我们的DNA——包含大量来自病毒的遗传物质。我们已经被原始的人工智能所统治，人类自身与技术的融合从纯粹自然体到原始人工自然体，直到如今的机械自然体的变化，技术认知将机械的概念化从以往的认可边缘纳入到基础的理性认同中，致使人类变成了铁质机器的附属物，换句话说我们人类都是赛博格。到如今的研究中，我们仍然无法证实赛博格所尊崇的是人类规则还是技术规则，我们更担心的是赛博格时代使得人类和世界的直接关联被一种机械化的机制所取代，这样的后果就是人类割裂了本身和世界的道德约束。

技术分为两个部分，实体化部分和概念化部分。后者由与技术相关的知识、信息等组成。为了促进技术的社会融入，专家、政府、技术设计者劝导人们接受、使用技术，也就是说技术的社会化给技术提供了语境条件，然而“抽象的客体把人类客体化为它所需要的样子”[138]，人类却浑然不知。那么什么样的语境可以称为技术化语境？谁是技术化语境的主要引导者？如何在技术化语境中辨别知识的真伪？

人类大脑的主要工作是储存经验并在这些经验里找到理解语境的模式，认知作为感性经验的升华从语境中为人类交流的主体们补足意义的空白，并根据认知中的信念和知识，增加或修改语境中的意义范围。例如迈克尔·波兰尼在《个人知识》中指出，意会总会先于逻辑解释而隐晦地把意义整体放置在形式总体之前，他认为人们在认知时语句所表达出来的东西远不及意会所传达的具体和本真[139]。交流者们在进行沟通交流时，听者会根据语境补足说者在言语外的意义，所通过的媒介越多，说者原本的符号意义也越容易失真，依赖于技术的交流者在符号的传递过程中会存在意义的篡改或者丢失。哈佛大学的伯尼·泰波尔特（Bonnie Talbert）为此直接将人们之间的交流区分为“面对面交流”和“其他交流”两种方式。他认为面对面的交流能促使多种注意力相联合，交流者们的情绪、动作变成了透明化的意义，这种意义被克里斯托芬·皮科克（Christopher Peacocke）称为“开放认识”（open knowledge），只有具有相等认知的个体才能在开放认识中获取信息以及成功建立语境。

因此，技术的参与无法代替行为主体来补足语境中的意义，恰恰相反的是，交流中技术的参与越多，人们的情感越趋于理性和价值导向，行为话语也无法意义化。因此，技术环境下的认知，或者说，人们在技术语境下，意义永远处于一种非饱和状态，技术的改变所带来的是人类思维结构或认知能力的改变，这种改变并不是一蹴而就的，而是以碎片符号的形式或者组合成经验逐渐构建成认知主体的世界观。在技术化语境中的信息隐藏于我们的意识中，以潜意识的内在暗示方式改变认知主体对于真理的定义。随着社会发展，人类所有思想和行为的目标是效率，而技术所带来的高速计算能力和模仿能力被人们冠以合理性的头衔，符号计算学派则直接表现出对技术的崇拜，将技术的进步替代人类自我能力发展。技术哲学家刘易斯·芒福德曾担忧道，当人们用复杂的语句表达他们的喜好时，人们就变得机械化了。

意义是由无数的经验和生活片段之间联系而构成的。马尔库塞认为，意义是社会生活和社会进步中最重要的维度，它是人类得以理解世界和理解自我的必要条件。因此，意义同时扮演着感知者和实践者的角色，在现实中，较之人与其他的联系，人和技术的联系表现出显著的优势，于是倾向于技术操作的主流文化中隐含了导致灾难的潜在可能。辛普森和伯格曼认为，在实践上，技术塑造了一个人类经验和行动的共同架构，在这个架构中对技术的描述要远多于人类行为，对技术的信任具有先验性，从而造成人们盲目地使用技术。

总体来讲，高风险认知的个体会产生保护行为，然而，这取决于多种语境因素，特别是个体回忆之前所受损害或者想象灾难后果的能力。人类在面对语境所传达的信息时所需要的是一个成熟的技术风险认知，也是米尔斯所提倡的社会学想象力——一种理性参与的认知架构：“他们需要的以及他们感到需要的，是一种心智的品质，这种品质可以帮助他们利用信息增进理性，从而使他们能够看清世事，以及或许就发生在他们之间的事情的清晰全貌”[140]。

感知预先从经验中获得意义，和语境所传达的信息达到“共识”时，这种技术风险认知才会复现。根据当前的认知研究，人类的交流始于对意义的主观化理解，因此，人类交流依赖认知架构的意义建构系统和意义刺激系统。正因为这两个系统的存在，人类的语言才能在如此有限的数量内执行着表达人类丰富思想的任务，说话者从认知架构中将意义编译进语言结构中，然后听者将这些意义解译到他自己的认知架构中[141]。这种意义的传递需要通过两端的符号进行编译和解译，恰似我们使用的电话，或者说语言的形成是最原始的传播技术。而20世纪60年代的文脉主义的代表人物、语言学家戈特洛·弗雷格进一步把语境在认知架构中的解构和重构过程用“文脉”来解释，他认为人类传播的接收过程即对语言“文脉”的提取与补充过程。文脉有两层含义：一是作为意义建构的标准；二是把信息看作符号并关注其作用范围。无论是认知系统还是文脉，人们的沟通过程中需要共同的经验和知识背景才能理解语境，缺少这两个条件的个体会被排斥在语境之外。语境的产生意味着共识是很难消解的，技术会在其社会化周期内创造一个相对封闭的语境，该语境适用于给相关利益者以及在技术的接触过程中将技术转译为可接受的意义，实现技术从“物”到“思”的转化。内在论学者把词汇的组合看作语境的制造者，他们认为我们的经验的发展经历着一个规律性周期并处在一个相似的环境中，例如上下文语境就被看作一个我们重复经验的规律性环境。在该语境中，我们根据经验预测什么会发生或者不会发生，当交流者们在进行沟通交流时，听者会根据语境补足说者在言语外的意义，通过的媒介越多，说者原本的符号意义也越容易失真，因此，技术环境下的意义永远处于一种非饱和状态。但是处于语境中的交流者却往往无法发觉，因为技术所创造的封闭语境改写了意义的真实面貌，技术修造的无法确证来源的意义是技术在人类交流的意识中潜移默化地嵌入或删除造成的，因此由于意义失真，人们便无法识别信息的真伪。

在维特根斯坦的逻辑哲学论中，他将思想概述为图像，思想和世界形成两两相对应的结构，即对象—名字，事态—原始命题，事实—命题，世界—语言，维特根斯坦将这个对应结构命名为图像论，在这里我们可以看到，维特根斯坦认为事态和事实是两个概念。我们可以把技术风险称为事实，而把思维的加工和推论称为事态。人们大脑中的事态是一个心理建构体，是听者关于世界的假设集，想象与事实之间的断层造成了主体对事实的期待。然而事实和事态原本应该是一一对应的，认知的解译速度是迅速的并持续性的，而意义是相对稳定的并且变化较慢。当事实的描述过于庞杂，思维加工无法满足认知的可塑性过程时，意会总是先于逻辑解释，隐晦地把意义放在形式总体之前，意义的范围会被认知中的信念和知识所修改并产生认知错位。

研究发现，在自然风险问题上，依据个人经验来判断对专家和掌权者信任或不信任是最显著的影响风险认知的因素[142]。由于社会文化背景的差异，精英阶级（专家和掌权者）对社会语境的掌握能力也有所不同，但是在大多数国家里精英阶级牢牢地掌控着对风险解读的语境方向。

科学知识从经验到实验室的转变造就了普通人和专家之间更深的知识鸿沟，普通人想避免受到非专家的影响的同时避免自我信念和专家知识之间的冲突。对于正确建立技术风险认知语境来说这是两个不同的困境。费斯科霍夫认为不科学的信息比没有信息更糟糕[143]，相比较专家，人们更容易受到同侪的影响。如今，高技术往往需要复杂的科学知识来理解，在这一点上，公众往往会陷入一个矛盾中。

一方面公众对科技，尤其是新科技表现出浓厚的兴趣，而且愿意与他人探讨新技术所存在的风险，然而公众所探讨技术风险的语境却一般源于大众媒介环境[144]。风险传播者也常常忽视了作为风险认知的市场利益代表的大众媒介可以直接用来解决利益相关群体所关心的问题，如此而来，大众媒介环境所构建的技术风险语境对于公众而言是不合适的。另一方面，因为公众对技术风险的认知和专家不同，公众缺少专业语境来正确认识技术，技术越复杂，两个群体的认知鸿沟越大[145]。然而在对待技术风险问题上，两个群体的技术风险认知如何达到共识成为解决技术风险的关键。

澳大利亚疫苗争论问题印证了这一点。2015 年，澳大利亚的许多家长仍不愿意孩童接受疫苗注射，因为家长认为全新的麻疹、腮腺炎和风疹疫苗会引起自闭症，虽然这种说法被许多研究所证实确属不实。在这场争论风波中，一方面是公众自身对新技术的恐惧，提升技术风险认知的基准；另一方面，出面澄清事实的专家遭到了公众攻击。语境的构建是一个多方参与的过程，在这场争论中，由于认知偏差所造成的语境鸿沟并不仅仅是专家和公众二者的原因，而是政府、疫苗网络人员（AVN）和偏激分子共同营造了新技术的语境，由此，专家之间的语境和公众所处的语境出现了鸿沟。在这场风波中马丁（Martin）教授提出了解决方案，他认为在介入 STS 研究之前需要建立一个关心群体（communities of care），以确保在受到攻击时得到部分公众的支持，形成责任集结的能力。对于与新技术相关的风险认知而言，信息从技术专家到公众并不是一个线性传播，在二者之间所形成的舆论张力才是语境建构的关键。我们可以称之为公众智库或者后现代智库，专家保持相对中立的地位，服务于部分群体，解释各种各样的技术风险问题。

不仅如此，以往对行为决策的研究结果表明，由于公众有限的认知容量（专业知识和对风险的关心度），公众既不会广泛地搜集信息，也不会准确地解释信息，这就形成了公众偏颇地运用了启发式认知和精简策略来减轻认知负担，然而减少的信息往往会偏离技术本身的面貌和整体性，因此采用这两种进路的后果可能是导致一系列的认知偏见和个体对于技术风险的结果的判断。在这种情况下，人们便转向基础主义的怀抱。因为基础主义强调了信念可以无须逻辑推论，而是通过感性或是理性的直觉而直接获得，但是公众的技术风险认知无法称为“基础”，从科学史上来说可以称为“基础”的命题必须符合两个条件：① 不可怀疑的真理性；② 强纲领。这两点在不完备的语境下显然是不满足命题条件的。达米特在《形而上学的逻辑基础》中把理解表达式的意义规范为五个原则，他指出，一个复杂的表达式的意义由其组成部分的意义复合而成，而一个表达式只有在一个句子的语境中才有意义[146]，也就是说复杂表达式所蕴含的多重意义可以存在多个语境中，而这些语境通过表达内含在一个复杂表达式中，从而对于不同语境的理解成为人们解读技术风险的关键因素。

第四章

技术风险认知的驱动机制

技术风险认知不仅是人们对相关技术风险信息的处理过程，其很大程度上还取决于人们对于技术风险的心理因素。以往的研究中学者们认为人们使用技术是权衡利弊之后自愿接受技术所带来的风险的，然而事实上人们虽然接受了技术，却没有从心理上认同技术所带来的风险，因此在心理和行为上产生了鸿沟，这种情况的出现是因为技术风险认知的主体心理是复杂的，难以单从一方面来解决问题。研究技术风险认知的主体心理，既要从心理角度把握其心理构成要素和风险判断机制，又要考虑技术的复杂性和技术环境的变化。只有在多种因素的综合考量下才能正确分析技术主体的风险心理。

在技术的社会化过程中，人们对技术的风险认知是不可忽视的因素，但技术风险认知有其复杂的形成过程，根据风险社会学家雷恩教授等的概念，技术风险认知表示与技术相关的潜在危害和风险的物质信号或者信息的处理过程，以及对该技术的接受能力[147]。由于技术风险认知不仅需要从技术相关者的心理和社会等因素来判断，还需将技术本身的特质考虑在内，因此技术风险认知是既含认知属性又含技术属性的特殊存在。

随着技术与人类之间越来越紧密，技术风险越来越受到人们的关注，因为技术本身具有价值期待，在技术的发展过程中所存在的风险认知方面的不安全性和收益成为一种矛盾心理，基于人们对于多种多样风险的客体判断而形成的心理成为影响技术价值的重要考量因素。

第一节　技术风险认知主体的心理演变

虽然技术风险认知的成因不同，但是总体上来说，技术风险认知的主体却呈现出了一些共性特征：在面对技术风险的时候往往是非理性的，心理上对于技术的表现是恐慌和盲目的，人们希望在技术设计上规避技术风险，而与此同时，在心理上也会选择主观规避技术的危害等。具体表现在如下几个方面。

第一，非理性恐慌。非理性恐慌表现为人们对技术的非理性心理排斥，它的社会成因有多种：信息匮乏、文化倾向、从众心理等。例如，当人们问专家飞机和汽车哪个更安全时，专家会根据统计数据得出飞机更安全的结论，然而，事实上人们更相信汽车比飞机安全。技术风险的量化是概率学家和工程师把技术风险作为一种数学分析物而得出的理性结论。因此，专家的风险评估是较客观的，反之，无专家参与的风险认知则是相对主观的、虚假的、情绪化的和非理性的了。

斯诺维克等指出，那些被风险所影响的个体跟专家相比，对所处情况的描述常常有所不同[148]。从心理角度来说，非理性恐慌形成可以归因为三个维度：恐惧风险（对技术缺乏控制，恐惧其潜在灾难、致命后果，风险和收益分配不对等）、未知因素（风险不能被观察判断或理解短缺）、主体环境（技术主体暴露在风险中）。除此之外，现实中存在着风险目标和信任来源等无法量化的因素更加深了个体的非理性恐慌。

第二，技术风险的心理规避。技术的发展越来越趋向于复杂性，例如汽车替代了马车，航空旅行替代了汽车等，技术复杂化需要在技术中添加更多的技术元素。因此，技术的潜在风险也就更难以预测，而且复杂化的技术带来新的危害也不会即时出现在技术使用者面前。

为了消除技术潜在危害，就需要重新设计技术来消除危害，或者增加其他物质来帮助技术使用者提高安全性，这是一种对技术风险的设计规避方法。然而，技术的改进受到科学知识和技术因素的限制而无法即时消解技术风险，技术主体被信息源和传播条件等社会因素所制约难以了解技术及其危害，因此技术使用者的心理规避成为人们规避技术风险的补充方法。风险意识越强，规避危害的愿望越强，技术风险意识随着社会的进步而增长，因此心理规避成为当下技术主体的技术使用习惯。这种心理规避是消费者对于技术风险的选择性心理倾向，是人们对无法掌控的技术风险的心理内在调适。

第三，对风险信息的盲从。风险心理的组成要素里信息是至关重要的。风险信息的高效率、真实的传递是技术使用者正确建立技术风险认知的基础。在这个过程中，为了使风险信息容易被技术使用者所接受，技术利益者（生产商、大众媒介等）将风险信息加工再传递给技术使用者，其结果是技术专家和工程师所提供的准确信息无法直接传达给技术使用者，使得技术使用者构成了虚假的经验。

一、 技术风险主体的心理判断机制

在人与技术的相互作用中，人类从来都不是被动的一方，因此人们常常用理性的思维去评估相关技术风险的信息。与此同时，技术主体接收到的技术风险信息也会反过来促进技术主体形成结论，即我们上文提到的启发式直觉。启发式直觉是一个过程变量，人们容易被环境所影响并借此做出虚拟判断，如果判断成立则成为新的风险认知依据，反之则摈弃虚假概念重新吸收风险信息形成新的技术风险认知。

在启发式直觉形成的前后，技术主体会惯用一个技术风险的评估方法，即经验法则。如字面意思所言，人们所做的决定依据的是自身经验而不是基于理论，因为技术主体所谓“经验”是自我认同的信息，因此经验法则不是可靠的，尤其是面对技术风险时，复杂的技术所蕴含的大量知识背景往往更是让人们无法做出正确决定，在这一点上经验法则存在着以下三点危害。

第一，这个方法往往让人们高估技术风险所带来的后果，在心理上形成高于实际可能性的危害预期，尤其是当某些技术（电子辐射、磁场、化学物污染或者水污染等）具有散发性，例如欧盟关于玩具中禁用的邻苯二甲酸盐。

第二，经验法则对于技术风险中的收益利弊存在误区甚至导致

风险的无端放大。在很多例子中，人们往往将风险和收益综合考虑并认为二者互为因果，正如媒介生态学家尼尔所言，技术发展的过程也是一个交换过程，越高的技术收益必然存在越多风险[149]。然而经验法则的诟病在于旧知识形成的经验无法准确对新环境、新技术合理估测，而自我认同和避害心理等因素的作祟又使得技术主体从心理上将技术风险放大，这种风险放大和斯诺维克等学者的风险社会放大理论有所不同，经验法则虽然也会被社会其他因素所影响，但是就主要原因来说，经验法则主要的缺陷是经验一旦根植于认知便难以更改。

第三，经验法则的使用是技术主体对技术风险的选择性解读。使用经验法则的人们往往曲解专家对风险的判断，例如在农作物转基因事件中，专家会通过媒体解读当下转基因食品中所存在的技术风险，人们在主观上会选择性忽视专家的认同，反而关注于风险并错误地解读为转基因食品的弊大于利。

二、 性别差异下的技术风险主体心理

技术主体的个体因素中，性别差异导致的风险心理不同是最显而易见却难以把握的。摩尔查特（Merchant）指出，不同性别的技术风险认知来源于各自的特征[150]。女性在社会文化中扮演着传宗接代的角色，这个社会角色使得女性的同情心理和安定需求更甚于男性。不同性别各自代表着对自然和我们在自然中所处位置的不同看法。莱文（Levin）等认为男性更倾于征服性，更愿意承担风险以获得可能性收益[151]，换句话说，男性是风险接受者而女性是风险规避者。在面对技术风险时，例如核战争，女性更关心核战争的危害，更希望通过交流等和平渠道解决问题，而不是寄希望于技术的发展。

这个问题引起了学者苏珊·古特尔（Susan L.Cutter）的兴趣，在一项研究中，她与其他研究人员根据性别不同取 33 个样本，发现在技术活动中女性在信任、察觉潜在技术灾难等方面的心理反应和男性不同，相比较男性，女性对技术前景更悲观、更害怕技术给社会和环境带来的灾难性后果[152]。从历史因素来考量，自科学技术的地位在 18 世纪确立以来，人们重新审视自然，并将自然的特征归纳为具有线性和淘汰机制的风险接受系统，然而这些特征恰恰是男性

的，近代以来的科学技术的男性主义浓烈不仅仅表现在科学领域，在技术领域更是如此，这就是我们所熟知的人本思想。

人本思想在中世纪以后的盛行带来的结果是男权中心主义，人们把自然看作需要征服的敌人，技术成为人们最有力的武器。此时的技术风险被人们理解为自然物质混乱、不受控制和无法预测性的合理性存在，这是男权主义思想放大了的技术风险观。此时技术作为男权主义的代表，技术主体的风险心理完全忽视技术本身的危害，而将技术所带来的负面后果全部归结为人为因素，甚至将所有的技术事故看作正常的[153]，是技术发展过程中的必然阶段。

男性极权主义在技术上的发展造成风险认知的心理偏差，虽然引起了人们对这种技术观的反对，而此时男权主义则辩称公众并没有理解技术风险或者建立真正意义上的技术风险认知，而是应该把判断和管理技术风险的任务交给专家。基于这种观点，中世纪以后对技术专家的过度依赖反而降低了公众技术风险认知的价值，造成了对技术专家过度认同和公众群体的自我否定，心理的不对等割裂了专家和公众的联系，阻碍了技术主体的技术价值判断。

三、 技术风险主体的心理接受度和行为鸿沟

在人们的意识里往往认为技术主体接受技术风险是自愿的，例如，想要开车的人就会考虑开车所带来的风险及收益，如果这个人最终购买了汽车就说明他自愿接受了汽车的风险，如果把风险比作赌博，当赌注带来的失去代价高昂时人们往往是风险厌恶的，相反如果赌注获得的收益高昂时人们又是风险倾向的[154]。早期的心理学将这种情形归结为技术主体对技术风险的接受度。然而存在着对技术风险既认同又排斥的心理状态：公众把以往的技术后果作为风险意识带入到之后技术应用过程中，一方面期待技术改良所带来的有利结果，另一方面根据以往经验判断并放大技术的危险性，这种矛盾心理伴随着技术的使用过程并表现为技术风险心理和行为上迥然不同的差异性。事实上人们面对风险所做的选择并不追求最大效益，而是确保满意收益，并避免技术灾难，这种心理倾向我们就不能简单地归结为风险倾向型了。

从观念上来说人们对于风险的定义是模糊的。韦恩（Wynne）

等认为，以往的风险接受范式误导了具体的定量标准上的简单风险，而风险的定义没有在不同的语境下被理解[155]。专家尚且没有对技术风险的定义实现清晰界定，外行更是如此。如果政府参与到风险定义中来就变得更为复杂，当政策制定者参与技术的时候，他们就会把专家分为“友好”和“敌对”两种情形分别对待[156]，根据这个判断选择性释放专家的技术解读信息和当量。因此普通的技术主体在没有大量的专业知识的前提下不可能正确辨别和评价技术风险。

从心理上来讲，提供给人们选择或者决定的权利有可能是来自外界压力或者政府的监管，在技术的社会性原则下技术和技术主体不可能形成孤立的闭合二元系统。因此，自愿接受新技术的行为可能受多方面因素的影响——相信技术和专家或者科学家、政府机关的推荐、大众媒介的报道和广告、家人和同辈人的压力等。人们接受风险、相信政府和企业所宣称的可以管理风险的心理考量是会改变的，即使人们接受一个被政府或者其他群体所推崇的技术，这个结果也并不表示一种无限制的承诺，也不会带来行为上的完全改变，从技术使用者的角度就在技术的接受心理和行为上产生了鸿沟。霍布森（Hobson）认为，在认知和行动间所谓行为鸿沟表现在日常的行为和价值之间，而且不容易改变[157]。技术风险的心理和行为鸿沟加深产生了越来越多的技术排斥行为，而要缩短这个鸿沟所要考量的不仅仅是技术风险的控制，还有技术认知主体所处的种种环境因素，包括主体的接受度、年龄、性别、种族和信仰，技术和风险所处的历史和文化环境等。

四、 技术环境下的风险心理嬗变

1877 年，德国技术哲学家卡普出版了《技术哲学纲要》，该著作被称为现代技术哲学起源的标志。在该著作中卡普赞扬了技术对人类的推动作用，并认为人类的内在进步意识是技术进步的主要原因。马克思也认同该观点，并指出了人类的智力的发展和创造性活动与工具密不可分。卡普和马克思的技术观我们可以理解为：人们的技术诉求是推动技术进步的内因，而人们的心理是决定技术诉求的主要因素。但是随着技术环境的改变，人们对技术的认知从技术推崇转变为技术抵制，与此同时人们的技术风险的心理也产生了许多新的变化。

改变一：技术的革新周期缩短导致信任嬗变。信任是对主体技术风险心理考量的关键因素，信息化时代推动了知识和技能的传递便捷化、无地域化，技术更新的速度给人类的认知能力提出了更高的要求，新技术带来的技术风险更新速度也相应变快，因此，对新技术的风险认知和心理适应的需求程度变高。技术在革新过程中存在着技术的累化效应，即人们在使用技术的过程中，技术革新带来的技术风险累计叠加而且无法消除。例如手机的革新过程带来了安全问题、个人隐私的暴露问题等，技术的日益复杂化使得技术主体认知更加无法和技术发展同步。从技术主体的角度来说，获得技术主体的信任需要去除事物复杂性，只有如此才能增加技术风险认知的容错率并减轻主体认知负担。因此，技术的革新和人们的信任之间的背离造就了风险心理嬗变。

改变二：拟态环境下的风险心理偏差。在技术风险认知的研究中，学者们将技术风险分为两个部分：技术风险和认知风险。前者是技术作为天然物不可消除的可量化的危险，后者是人们对技术风险的前瞻性认知。除此二者之外，我们往往忽略了在真实环境之外存在着虚拟环境，即拟态环境。拟态环境是媒介通过对象征性事件进行选择和加工、重新加以结构化以后向人们展示的环境。在拟态环境下的技术风险认知虽然并不真实可靠，但是却容易被人们所接受并造成技术风险的心理偏差。例如相关权威机构表示，核设施的安全是有保障的，然而，对核设施反对声仍然甚嚣尘上，媒介过度渲染的大量负面信息是造成该结果的主要原因。拟态环境催化了人们对技术的恐惧，造成了虚假的风险认知观。

改变三：低落的风险心理爆发阈值。随着技术的持续升温，我们的大脑已经被周围的技术环境塑造成一个高刺激阈值的对象，基于这个环境下的技术将如何革新呢？为了应对这个问题，技术利益者会通过各种手段降低我们的爆发阈值，最简单的办法就是当我们对周围环境产生风险意识的时候，通过政府或者专家的公信力散播信息，利用人们对媒介和政府的信任来缓和技术风险爆发的张力。而在技术风险认知的研究中发现，人们将技术的改进作为对抗技术风险的主要应对措施之一，因此人们对技术的期望为技术创造了发展空间，同时降低了对技术风险的认知能力。技术发展的过程呈现的阶段性是从低效率到高效率，在这个过程中人为干预的情况会越来越少，因为人们相信技术是最不会犯错的，基于这样认知背景的人们，理性思考能力被技术所替代，技术风险的心理爆发阈值也会因此降低。

第二节　技术风险认知的情感参与机制

一、　主体的风险认知与情感物化作用

作为人性基础特征的情感基于人类的自然属性，情感不仅代表了人类对于客体的反应和评价状态形成的经验作用于人类认知体系，更弥合了伦理逻辑的整体性造就的人类与技术物的属性边界。然而，后人类主义的出现模糊了这个属性边界，并从存在论和认识论上改变了人类对技术的情感，为赛博格的诞生和人工智能的情感设计提供了背景环境。虽然技术物不具有人类的自然属性，也无法满足人类的伦理逻辑，但是后人类主义者们仍然给技术物赋予情感，而这种不同于人类的情感我们称之为“技术情感”。随着后人类时代的到来，技术与人性的分界走到了最后的关隘，探讨技术情感的阈值是后人类时代我们所面临的人类对技术情感渗透的风险认知问题。

1. 技术风险认知与情感的关联

决策或决定（decision）是技术风险认知的前提，同样是结果，因此在研究中许多学者探讨决策对技术风险认知的影响。然而在研究中笔者却发现，学者们弱化了情感的作用并将其和本能、直觉混淆。大量心理学研究发现情感影响态度和行为，包括技术风险认知以及市场经济等。计划行为理论也认为态度同时来源于对付出、风险、收益和情感的察觉，当认知和情感有同样的表象（积极或消极）时，二者对态度的作用是相等的，但是如果二者的表象相反，那么在形成态度时，情感就会抑制认知。

亚里士多德认为情感可以服务于培养良好的品格，而斯多葛学派更是将情感看作抗拒理性的唯一手段。18 世纪最有影响力的休谟

和亚当·斯密同样强调道德情感的重要作用，他们认为在决策中情感的作用要先于理性。休谟声称，人们无法从应然中得出必然，应然和必然的区别是描述性陈述与事实性陈述之间所存在的基本鸿沟。也就是说研究人们做出道德决策的心理学方法不适用于解决情感参与下的伦理问题。伦理概念中的“善”“恶”是不可定义和削减的，因为二者不存在价值可衡量性，从人类的动物本性上来讲，自然选择与价值是不可通约的。基于这个观念，在行为主义盛行的19世纪，情感对伦理的作用被边缘化，直到20世纪60年代认知心理学兴起之后，情感和认知的相互作用逐渐成为伦理研究不可规避的两个基础条件。

2. 情感的认知功能表征

情感，《社会心理学词典》的解释为：“指一个人在行动、活动过程中出现的由某一事物所引起的主观体验。”[158]总体来讲，情感不仅是面部表情的张弛，主要的是人内心的状态和态度表征，情感左右着人们对包含技术物在内的事物的看法，并使得作为理性基础的数理逻辑和语言逻辑无法彰显。正因为如此，情感被西方经典哲学家们厌恶至极，柏拉图和亚里士多德认为“情感‘污染’了认知，应该被抑制或者忽视”[159]。西方哲学对逻辑的崇尚达到了一个顶峰，苏格拉底在公元前430年就认为通过逻辑的方法才可以获得真理。斯多葛学派曾宣称，情绪中的想法是没用的，阻碍人类的理性并导致不合规的行为，因此，在斯多葛学派看来人类应该是具有理性的并追求德行的生活。然而，作为斯多葛学派代表人物之一的伊壁鸠鲁认为，有理性的人类努力争取的目的是幸福，伊壁鸠鲁学派认为理性等同于幸福，那么这么纯粹的理性是如何感知到幸福呢？这种因果悖论显然是无法泯灭情感对理性、对人类的价值。

其实早在前智者学派时期，哲学家们已经开始意识到情感是如此不可或缺。恩培多克勒将爱和恨设想为和水、气、火、土共同缔造世界的元素。毕达哥拉斯在用数字分析物质世界时提到了情感可以通过数字来达到和谐，例如他将爱情和友情用数字“八”来表示和八个音度相同的和谐意义。到了18世纪，强调非理性主义的休谟在《人性论》中指出理性应该看作激情的奴隶。而列宁则给情感赋予了更高的价值意义，他指出，“没有人的情感，就从来没有也不可能有人对于真理的追求”[160]。情感的作用凸显了人类对自我属性的肯定，人类对自我的理解和技术的智能化发展是人类与技术之间博弈的关键点。

在后人类时代，人类对技术的依赖超过了以往任何一个时期，赛博格的出现代表了技术可以和人类物质身体相依相存达到共生；深度学习将人工智能的认知水平不断提高；情感计算将人类情感设计到人工智能中，替代了情感的某些功能。如此种种，预示着人类已然和技术“合理”相融，后人类主义的理论温床孕育出人类对技术不同以往的态度，这就是技术情感。它是技术对人类情感解构和建构的具身情感，是人们对技术的观点、概念和意识发生了改变并达到了与同类相同的认可程度，在这个过程中，人类情感的可修正性和技术渗透从未如此相得益彰。克雷（Clore）和亨廷格尔（Huntsinger）认为，“情感是价值的替代物，一个情感状态可以是神经、心理、经验、认知和行为等多种作用的结果”[161]。作为理性的“前哨”，对于信念的认同无不需要经过情感才能进入理性的推导进程，“理性的标志并非恒久不变的正确性，而是做出必要纠正的能力”[162]。而“共情则是情感和理性之间的桥梁”[163]，不同的知识或者信念来源于主体在环境中的情感获取，举例来说，独居的老人和年幼的孩子对于宠物和玩具的情感依附是不同的。在这个例子中，孩子对于玩具的依赖、老人对于宠物的依赖有时甚至超过了同辈或者家人，即使玩具和宠物有潜在风险。简而言之，主体的情感参与越多，对于信念的尊崇程度越高。由于技术给人类的信念是潜移默化的，当人们使用技术的时候，技术情感隐藏在人们的意识中，于是我们如何思考取决于我们使用的技术以及我们对技术的认同。在这一点上后人类主义提供了明显的理由，技术不仅“增强了我们感觉和运动能力”[164]，而且增强了人类“在各种情景中理解情绪的能力，因而使得我们的情感角色更加优秀”[165]。作为人类和技术相结合的高级阶段，技术情感化身为科学知识内嵌在技术使用的过程中，也就是说，技术情感的产生需要两个条件并且缺一不可：其一，技术的物理属性；其二，具有认知能力的大脑，即技术因（technical reasoning），技术因的存在使得人类形成了机械行为的意图，产生了技术情感所必需的认知基础。技术因的存在促使技术形态的改变不再需要除错的理性纠正，于是 MIT 的科学家们在 20 世纪 90 年代就提出“一个真正的智能系统少不了情感装置”[166]。蓬勃发展的机器人技术曾引起了霍金的担忧，他指出机器与人在进化速度上的不对等会造成人类文明史的灾难，想要避免这种灾难的发生，我们必须要知道技术如何渗透人类认知和情感。

二、 技术风险认知的情感圭臬

一些研究已经给出了情感会改变人们对风险的观念和看法的原因。作为一个主要问题，恐惧是人们感知风险、构建技术风险认知时的主要元素，相比较恐惧感，人类在面对技术时更倾向愉悦和好奇，无论是收益分析还是启发式直觉，“当人们做出决定时，利益比风险更容易激发人类的行为欲望”[167]。人类的行为推动了预期的结果，而对收益的期望可以降低认知意义上的风险认知。后人类主义者更是把人类未来的希望寄予技术，从而彻底抛弃人类的自然属性，正如马克思·摩尔在《超人类主义者读本》一书中所说的那样：“成为后人的意味着超越定义人类不太理想的方面的限制条件”[168]，在这种技术主义的乌托邦主义思想的影响下，他们对技术表现出极大的信任。

美国生物伦理委员会前主席莱恩·卡斯（Leon Kass）曾经提道，“人类具有厌恶的智慧，如果他感觉什么东西不对劲，那么那就是错的”[85]。人类的恐惧是抵御风险的负熵机制。从进化心理学的观点来看，大脑中负责情感的区域同时掌管感知和身体反应，在提升人类认知功能的目的性上，后人类主义者倾向于通过技术消除因情感导致的人类脆弱，更确切地说是消除人类之间的情感依赖和对风险的恐惧。霍雷柏齐（Houellebecq）在他的小说中描述了这种情况，他写道：“后人类没有欲望和情感，永远生活在克隆和几乎绝对孤立的意义上。这样，他们的情感和社会心理的脆弱面将不复存在。”霍雷柏齐笔下的后人类社会是一个远离恐惧，包括对死亡恐惧的非常态社会。[169]

那么问题是如何在语境中引入恐惧感，建立有效的技术风险认知呢？为了实现抗拒技术情感的目标，汉斯·约纳斯曾提出启发式恐惧理论。约纳斯认为恐惧有助于限制技术的劝诱行为，因为人类通过知识和自由意志的调解将其权力运用于现实，正是因为如此，技术强化人类能力的过程也是人类自由意志受到技术的诱惑从而忽视责任的过程。同样，在海德格尔看来，世界就是现在和行动对象之间内在联系的有机系统，可是随着技术使用，人类和世界的直接关联被一种机械化的机制所取代，这种机制隐而不显，割裂人类本身和世界的道德约束，从而可以尽情享用技术产品而不用担心涉足生产过程而产生的责任。“技术用两个虚假的承诺欺骗人类自由：首先是全知全能（almightiness），通过技术，人类可以很容易地实现他们想要的任何东西；第二个是责任脱离（innocence），技术将自由与责任分开，并且没有为人类提供反思其自身行为的时间”[170]。因此，对技术后果的恐惧会引领人类免受技术诱惑从而保持清醒的风险认知，当然约纳斯也承认要保持适度的恐惧感。我们认为，去除技术情感的影响需要从两点进行：首先摆脱对技术的情感依赖，进而提高人们对技术的信任锚点以建立正确的技术风险认知。

摆脱技术依赖。准确地说，我们需要在判断过程中引入道德情感和恐惧。西摩·爱泼斯坦认为情感经由两个不同的系统影响技术风险认知，他称之为二元过程理论，系统 1 是自发的、直觉的和情绪化的，系统 2 是缓慢的、反思的和理性的。然而，“道德情感（同情心和同理心）和基本情感却处于两个系统之间”[171]。当人类习惯于使用工具之后即增强了技术黏性，对技术的情感依赖体现在技术决策中导致应然性让步于实然性。虽然道德现实主义认为道德判断是客观的，而不是基于主体的意志，但我们知识的对象独立于我们对它们的信念而存在，因此可以说确实存在社会和技术共同进化的道德标准轨迹。因此，我们需要道德直觉来理解技术问题，解决源于情感共鸣和主观判断而产生的技术依赖。

提高对技术的信任锚点。人们通过三个层次来感知技术风险：第一层是感知，视觉、听觉和其他感觉器官获得的感知经验；第二层是认知，感知经验与知识相结合形成对技术的预先判断；第三层是情感，前两层的感受和分析成为主体对技术的情感依据。作为决定技术风险认知的关键因素，一些研究发现，不同的情感效价使信任变得多样化，积极情感会激发人们的技术使用行为并产生收益预期，但是消极情感并不一定会导致人们抵制技术的行为，例如梅耶斯（D. Myers）和廷勒（D. Tingley）指出，“消极情感降低人们对技术信任的前提是这些负面情感产生低确定性表征，恐惧放大风险估计到提醒人类谨慎的行为，而愤怒减弱风险感知”[172]。因此，改变以往对技术的信任态度就需要通过政府、媒体在传播技术时将技术风险放在收益之前，同时将技术风险的传播群体聚焦在撬动技术杠杆的科技从业者、科技公司和大学。埃隆·马斯克曾说，马克·扎克伯格对人工智能的理解有限，如果一味地追求人工智能的发展却没有清醒的技术风险认知，届时人工智能才会对人类文明产生根本上的威胁。

人类对技术的依赖并非一朝一夕，但是在过去的十几年当中，超人类主义者和生物保守主义者之间却围绕“技术增强人类能力的伦理规范”展开了激烈争论。如果说人类提升自我的意愿是人类自由意志的体现，那么技术增强，无论从法律意义上还是道德意义上都不应该被质疑，但是我们又该如何抵抗技术增强所带来的负面影响呢？因此，以弗朗西斯·福山为代表的学者们并非保守主义者，他们的观点反而恰恰是为了在技术发展的过程中给人类的技术活动赋予“适度”的原则。例如，我们可以用生物技术来治疗疾病，而不是改变基因，创造“超人”。只有人类都能以适度的原则对待技术发展，人类才能摆脱对技术的过度依赖，重拾人类的自然本质。

第五章

技术风险认知的社会影响

技术无法解决许多社会问题，例如贫困和战争。马克思认为，贫困是资本主义制度下的剩余价值问题，因此如果我们从技术角度来解决社会问题往往事倍功半，二者的不同点在于以马克思主义为主的社会工程方法，试图通过改变社会主体——人类的行为来让人类变得更理性，而技术社会的方法是通过技术创新，这样就避免改变人们的习惯和使用技术的动机，这其中隐藏的技术风险认知问题却鲜被关注。从世界范围来看，技术风险认知体现了人们权衡利弊的心理作用机制，从社会角度来讲，就是人们将风险转化到技术的过程中产生的一系列心理和认知的演变，例如海水淡化技术解决了淡水资源匮乏地区人们对水资源利用的态度，也就是说当水资源变得充足时，人们便不再担忧淡水匮乏的风险，这也就是说我们需要探讨技术风险和社会风险关系以及技术风险认知改变方式方法和结果。在本章中我们将首先讲述技术风险认知对政策决定者的作用，即体现在风险评估方面；其次，我们将视角扩大，分析风险和创新的关系，并以此解读技术风险认知在其中的作用。

第一节　技术风险认知对风险评估的影响

一、 技术转译过程中的意义偏离

技术风险主体是一个特殊的概念，意指已经处于技术社会化周期内且缺乏技术经验知识的个体，由于技术的发展存在经验的延时性，缺乏技术相关知识的人们无法和技术专家一样形成合理化认知结构，而这类人既是技术的相关利益者也是技术使用的主要人群。由于技术风险传播的放大，在技术与人的相互作用中，技术风险主体的认知错位不仅体现在其心理表征，也体现在其技术转译过程中的信息误读。

上文我们提到，因为描述技术的是复杂表达式，因此，技术在社会中的地位提高了，那么我们能否拆分复杂表达式，通过多个单一表达式来理解意义？然而，如果拆分不当，复杂表达式所蕴含的逻辑线路就会被破坏，例如，P 在研究一种可再生材料的同一时间，A 也在做同样的工作，他们同时得出结论但是 A 抢先发布了结果，然而 P 在看到 A 的结果论文中存在问题，因此重新论证该结果，使得学界最终承认 P 的结论。在这个事例中存在多重转折和互为因果逻辑，因此多个单一表达式中，除了需要加入不同情况下对语境背景的介绍外，逻辑线路也不能颠倒或者跳跃。

不同语境所承载的意义常常有所变化。霍尔认为，语言不能准确地表达思维和意义。他一再强调虽然语言是传递信息的介质，但是在表达过程中不可能完全还原思维的原始意义，因此语言交流并不是真实的交流。那么除了言语语境之外，其他表征方式的语境是否能完美表达意义呢？

在这里技术转译意义偏离可以细分为以下两个方面。

第一个方面是相同文化中的不同媒介语境。我们要确定的是语境和意义是相辅相成的，正如霍尔所言，语境和意义是相互结合而且密不可分的，处在不同语境中的意义有不同的意义边界，但是区别不同的语境中的意义边界并不容易，因为在不同的环境中意义边界也有所差异。例如我们生活中的具象物（图像、雕塑、建筑等），就像文化有内隐和外显的不同，具象物所持有的信息和言语的不同点在于，具象物中的意义被人为地限定了范围，无论是雕塑还是建筑，当人们获得视觉经验的那刻开始，意义就以图像的形式存在。

第二个方面是不同文化间的语境差异。文化的功能很多，其中之一就是破（立）人们的认知。要做到这点，文化要创造并保持复杂的社会系统。复杂的社会系统推崇人与人之间的相互作用，而文化的存在推动了人们之间的合作，并以人们认知的一致性为目标。

语境在言语使用过程中同时具有激发和储存意义的功能，因此，语境在语言的使用中兼具选择角色和建构角色——选择可激发的语言意义和建构言语的意义。由这一点我们会发现，人类对于风险的恐惧是与生俱来的，人类的风险认知会在人类的社会化过程中被某个特定的刺激源所激发，而一旦这种恐惧感被激发将时常表现在人类对待技术的行为上。在特定词语上的意义总是处于激活状态，因为这些意义通过在相关情境语境里的重复出现，在大脑里创造了反射弧，所以我们的认知不仅是一种认知模式，事实上也可以创造新的认知模式。为了完成技术的社会化，技术在其生命周期中会创造一个相对封闭的语境，即在技术使用者和技术的接触过程中将技术作为一种存在意义的转译，实现技术从“物”到“思”的转化，例如遥控器不是简单的换台机器，它用另一种方式去劝导观众观看电视——希望看到新事物或者娱乐。技术改变我们的行为不仅在行为过程中，而且在行为前以一种特殊方式改变行动者行为的动机和原因。

现代技术潜存着一个问题，即每个技术的产生、发展，甚至是风险的预估和控制都停留在自身技术的语境中，缺乏关联性。从认知主体的角度讲，虽然技术风险存在于特定的某一技术上，但是技术类属的影响会波及其他技术。乔治·格兰特（George Grant）指出，技术是时代的主体，技术的每一次飞跃都朝着集合化方向前进，例如安德鲁（Andrew Ng）说 AI 是当代的“电能”，引领社会的下一次技术革命，而在 AI 背后支撑 AI 发展的是多种技术的组合。

在行动者网络理论中，拉图尔认为人类和他物作为行动者组成了社会，每一个行动者都是独立的行为主体。技术作为社会当中的独立行为体，自工业革命以来人们的社会化发生了微妙的改变，社会化标准随着技术发展水平的提升而变得严苛，自由主义者及自然主义者的思想和行为渐渐被边缘化，以效率优先、科技水平为重的社会理念主导了人类社会化的水平。从生存到发展，人类社会的目标在“一小步”的表象下隐藏了观念的“一大步”变化。精英阶级并没有正确而完备的技术风险认知，在社会中所获得的金钱足以让他们抵抗大多数的社会制约，相比较技术的不确定性，他们更害怕自然风险（死亡）。因此，技术发展成为精英阶级主要的目标，甚至不惜牺牲一些其他群体或者自然环境的代价，无论是地外生存环境的探索造成的太空垃圾，还是社交软件隐藏的信息泄露，都是在技术风险表象下隐藏的社会问题转移。人们社会分工的固定使得技术风险被分担，因此稳定的社会结构会降低人们的技术风险认知。例如毕查德（Bichard）和卡米兹卡克（Kazmierczak）发现，大多数人认为掌权者有义务应对技术风险[173]，因此人们会减轻自我保护的责任感。

二、 风险的社会化转移

技术风险认知最直接影响的是认知主体对技术的社会化表现产生了偏差，尤其是人们对技术使用的风险评估，其中技术成瘾是最恰当的例子之一。德雷福斯将需要建立在主体对事物的习惯性表现上，如果需求某一项技能，那么主体就不能在学习该技能的最初阶段追求最大化地使用该技能，而检验技能的表现是否完美就是看这个人在没有外力和无意识的情况下完成一件事，显然技术成瘾恰好满足了所有条件。由于不受社会期待的影响，从习惯所具有的社会意义来看，可分为有益的习惯与有害的习惯。根据尼尔森集团 2013 年的报道显示，79%的智能手机用户会在早晨起床后的 15 分钟内翻看手机；在新加坡，87%的人口拥有智能手机，其中，学生在 Facebook 等社交媒体上平均每天消耗 38 分钟。从技术的角度来讲，技术黏性是造成技术成瘾的主要原因，而技术成瘾并不仅仅是通过认知作用在行为上的单向表现，随着技术行为的发生，技术反过来也干预认知，在不自觉的情况下形成触发机制。

胡特斯（N. M. A. Huijts）和他的同事们认为，驱使人们接受技术的因素可以归结为获得、可定义标准和享受三个目标。进一步来理解这三个因素，我们可以看出技术的娱乐化倾向将人们对技术的风险在认知中规避的可能：首先，享受不再作为获得的类属，获得成为人们最基本的价值诉求，而享受则是满足工具理性的需要；其次，三者具有可重叠性，由于技术风险和技术收益的不平衡存在，三者对人们的影响由大到小的排列为获得、可定义标准和享受。

技术成瘾并不是技术所造成的结果，源于自然的人类竞争欲望延续到人类的社会化过程中，尤其以信息为主要财富的当代社会使得成人脱离不了社会的信息的制约。但是在虚拟世界又可以让人们摆脱现实的压力，重构自我和获得欲望。人们在屏幕世界里可以失败可以重新开始，所付出的代价也远没有现实世界这么巨大，当个体拥有大量有关行为的信念，但在特定的时间和环境下只有相当少量的行为信念能被获取，这些可获取的信念也叫突显信念，它们是行为态度、主观规范和知觉行为控制的认知与情绪基础，主体规范把社会压力看作行为表现或不表现的标准，这个标准应该将社会的伦理因素也考虑在技术使用之内。

人类当代的社会化问题显然内嵌在技术社会化过程中，因此人们的技术风险认知与其说是技术问题，不如说是人类自身的问题。当然，人类将其他风险转移到技术的过程中，例如开车的人，如果某天车坏了，他们会埋怨车子的质量，反过来，潜移默化的技术生活也改变了人类的某些特质，正如约纳斯直言道："人类处理现实事件的能力是知识和自由意志二者调节的产物。然而，技术的发展将人类的自由意志转变为诱惑"[174]。技术越先进，责任主体和客体之间的联系越松散，于是技术将自由与责任分开，并且在不充分考虑其自身行为影响的情况下实施技术行为，这就是为什么当代社会的主要矛盾大多数跟技术有关，甚至在极端自然主义者看来技术就不应该出现，例如泰德·卡辛斯基对工业社会产生的过度社会化危机所表达的焦虑："技术也加剧了人群聚集的影响，因为它将更强大的破坏力交给了人群。例如，现在存在着各种发出噪声的设备……加之这些设备的使用不受限制，希望享受和平与安宁的人们就会因为噪声而感到沮丧。如果其应用受到限制，使用这些设备的人就会感到沮丧，但如果这些机器从来不曾问世，就不会造成冲突与沮丧。"[175]

许多技术哲学家早已明白，人类在享受技术所带来的福利的同时必然有所出让，正如尼尔在"新技术与人类：公元纪年的信仰交流"会议上所说的那样，人与技术的相互作用是此消彼长的关系，技术社会化的过程创造了符合技术适应性条件的社会结构，海德格尔称之为座架。汽车的出现需要驾驶员，工厂生产车间需要技术工人，然而，随着AI智能的替代，技术不再需要座架，而是直接替代人类某些重复性、单一性劳动，当代技术风险认知也因此而来，人们惧怕技术替代，于是产生了抵制技术的运动和行为，即后卢德主义。后卢德主义的传统最早要追溯到第一次工业革命时期，蒸汽机的发明使得许多欧洲劳动工人失去了工作，如果按照我们本节的讨论思路来解释，那么技术创新解决了技术问题，同时创造了新的社会问题，这是工业化社会所不能解决的循环，至少是在我们解决技术风险认知之前不可能解决的问题。

风险是社会组织和社会系统的产物，而不是个体活动的结果，因此，风险是无形的和普遍的，是当代科学组织和技术系统共同塑造的结果。高新技术的多元化增加了社会系统控制风险的难度，同时，所造成的危害却隐形化，鲁普顿（Lupton）指出，相较于日常经验，科学知识是让技术风险显形的唯一办法。当代技术所带来的危机已经不可同日而语，人类所面对的技术风险是隐形化的、全球化的和灾难性的，在这个时代背景下可供人类选择的选项始终伴随着技术的影子，于是出现了当代技术的两大浪潮：人工智能和基因编辑。摩尔定律定义了人工智能相比较人类的计算能力而言是没有穹顶的，在大数据和人工智能的帮助下，人类行而有效地解决了许多社会问题，例如通过数据筛查查找罪犯可能的藏身处，无人机获得的数据与某一物种的历史数据比对以监测物种的生存情况等，可见，前者试图通过提升技术能力解决社会与自然风险；相较而言，后者通过技术提升人类能力以获得更强大的生存空间，而人类所特有的伦理结构也不断接受来自基因技术的挑战。

在技术乐观主义的影响下无论是超人类主义还是后人类主义，当人们面临来自自然或者社会威胁时都会潜意识地投入技术的怀抱而忽略风险。在我们对技术风险认知的定义中曾提到，技术风险认知是人们对技术的前瞻性认识，也就是对技术收益、风险的预测行为。计算机科学家艾伦·凯（Alan Kay）曾经提出“预测未来的最佳之道是创造未来”[176]。

当今的技术化环境中的个体意识和认知不再以自我为主导，因此产生了社会异化的两种表现：① 非理性与自由思想解构了包括文化、政治、宗教等在内的人类社会；② 个体的社会化前倾。随着技术的发展，人类所需的技术知识与日俱增，社会化压力变大，然而从技术风险认知的触发条件来看，社会化前倾所付出的努力和收益并不均等，个体在技术环境中面临的风险隐含在社会化过程中，个体所能参与技术决策的机会寥寥无几，大多数情况下关于技术的决定权仍然掌握在精英阶级手里，“我们生活在一个由相对不多的人——也许500或100人——做出重要决定的世界里”[177]。从这一点上来说，人们把技术风险部分，甚至全部归结为技术责任。

然而从技术风险认知的角度来说，人们利用技术的目的是将风险转化，这种风险转化体现在两种情况：一是提升自我能力和获得社会收益的愿望，这是社会风险转化；二是躲避事故、灾难等概率事件，这是自然风险转化。技术风险其实是社会矛盾的一部分，它的不可消除性是因为技术风险是推动技术发展的动因之一，而技术风险如果被认知，是人们把社会或者自然风险转移到技术，例如，人们希望汽车速度越来越快，尽管汽车的安全性通过其他技术可以改进；例如，自动驾驶技术可以有效减少人类的错误率，从本质上来说，汽车速度的加快增加了社会效率，降低了人们所遭遇的其他社会风险（例如赶不上火车、会议迟到等）。在美国三里岛核事故发生之后，曾有研究人员对该地区公众风险认知进行调查，他们发现生活在核电站附近的人（因此可能面临最大的客观风险）比生活在较远地区的人更支持核能。在解释这一发现时有人提出，居住在发电厂附近的人们获得了更大的经济利益，他们经历了更大的认知失调，他们最害怕的事情被无事故运行的历史所缓和，比起可能性风险，来自社会的风险更让他们恐惧。因此，在这里我们要重申技术风险认知的一个重要含义，即人们对非理想结果的认知，对风险的定义，无论从技术角度还是社会角度，都离不开伦理的框架限制。皮特·嘉德福斯（Peter Gardenfors）指出，“我承认对知识的追求并不是不计后果的，但是在风险认知上，应该有一种对于人类或者动物主体的伦理限制”[178]。我们对技术风险的伦理认知无法基于一种空间和时间的全面性考虑，例如，考虑到资源枯竭的危险，未来对原子能的利用可以完全消除或者最小化原子能的不确定风险，这样，地球的资源得到了保护，人类生存的环境反而被改善。因此，技术风险认知的改变离不开伦理的发展。技术和伦理的关系不是单方面的，反过来说，技术的发展更迭不断打破旧的伦理限制，而技术的使用可以极大地弱化甚至消除伦理的社会功能。

技术风险认知伴随着人们对技术的认识以及技术的发展不断改变，最终技术的问题都将会回归到社会和自然问题中去，这也是我们为什么要突出说明技术风险的社会转移。奥尔特温·雷恩发现，经历过自然风险的人们在风险认知达到高水平之后会随着时间的推移而褪去[179]。信任会产生两个相悖的效果：其一，生活在无保护措施地域的人们在大多数情况下会低估风险，这种情况常常发生在当人们表现出对管理者的高度信任时。其二，人们对自我认知的信任导致排斥一切与此相冲突的信息摄入。而无论是哪一种情况的发生，我们都需要认真地分析技术风险认知主体所处的环境。在半个世纪的技术风险认知研究中，奥尔特温·雷恩和斯诺维克等专家从社会和心理角度做出了卓有成效的研究，下文中我们将在前人的研究基础上继续拓宽我们对技术风险认知的认识。

第二节　技术风险认知对创新的影响

技术创新和风险是当下人类发展过程中的重要问题。人们既希望通过技术创新降低甚至避免自然和社会风险，又把技术创新看作改善人类生活条件、提高人类能力的主要途径之一。技术创新的过程长久伴随着不可预知的风险，虽然学者们提出将责任和道德嵌入到技术设计过程中，试图通过增加利益相关者来增加价值理性，将技术风险消解在设计阶段，但是技术风险并不会因此消除，而技术创新则是一种将组织、道德的风险转移到技术活动中的行为过程。

技术创新已经把人类社会推向一个物质文明的高峰，同时人类社会又处于一个危机四伏的时代。在当今的社会环境下，技术问题和负面效果可以通过改进技术或者新技术来弥补。因此，技术创新就变成理所当然的社会需求，人们所能做的就是不假思索地增添新的技术，在日复一日的技术创新增长下，技术系统变得盘根错节。从事物发展的辩证法来分析，技术创新和技术风险一方面是有所相通的，技术风险是刺激人们改善原始技术、更新技术的动力之一；而另一方面，从发展机制的角度讲，技术创新和技术风险是同行相悖的，技术创新是人们所向往的，而技术风险是人们所规避的。因此，在这种情况下，技术在人类的世界中扮演着两种角色，技术既是问题，也是答案。

一、 技术风险认知的创新驱动力

1. 技术风险的创新驱动

风险自古以来就是推动人类进步的力量，早在古人类时期，面对自然风险（野兽、风暴、食物短缺等）时，人们在身体上的缺陷使得人类无法和其他动物一样依靠自身力量抵挡自然灾害，于是技术应运而生，此时的技术创新主要目的是保证人类生存。随着技术的发展，人们有更大的物质追求，于是在大工业化时代因人们对技术后果的漠视而造成了技术灾难，出现了诸如伦敦雾霾事件等风险，这其中也包括了技术风险的隐性灾难，例如全球变暖。随着人们对技术了解的深入，人们对技术的看法也从技术乐观论过渡到技术威胁论，人们开始反思技术创新过程中的问题，但是当时的技术创新仍如雨后春笋般出现，那么技术创新和技术风险二者在历史长河中为什么始终结伴同行呢?

从技术诞生之初的人猿揖别开始，技术风险认知对技术创新就有所推动，这一点表现在三个方面：一是暴力与反暴力的需要，这一点基于人类的生存本能。例如 17 世纪英国的殖民扩张所造成的连锁反应使得全世界国家争相发展军事技术，甚至“卓越的科学家们有时直接从事军事技术问题的研究”[180]。这种间接性的刺激是从社会风险转移到技术中，而军事技术的发展导致了战场上对人类生命的威胁增加，从技术角度来说就是增加了新的技术风险，为了减少己方伤亡，军事技术的创新研究在当时变得白热化。二是技术的潜在风险刺激人们去实践创新来避免其在未来造成巨大危害。相比较前者，潜在技术风险并不容易发现，例如基因技术、核技术等复杂技术在空间和时间上的可能性使得这些技术风险更难以把控。为了把该类技术的风险降至最低，人们不断研究最新方法去更新、替代这类技术。三是人类突破自我限制的欲望。例如飞行器、游艇、3D

虚拟技术等，人类技术的当下发展目标已经突破了时间限定，以技术代替人类自然功能。博斯特罗姆（Bostrom）将基于此目的的创新研究称为后人类研究。在后人类研究上分为了对立的两派：超人类主义和生物保守主义。超人类主义认为通过技术创新，技术会为人类带来巨大的价值和优势；而生物保守主义则认为这类技术创新是一种“去人类化”的研究，因此很多科学家都是坚定的生物保守主义的支持者，包括莱昂·卡斯、韦斯利·史密斯（Wesley Smith）等。在人类的进化过程中，技术早已经形成自有的干预机制影响着人类的进化发展，在未来怎样利用技术增强人类生存和发展本领，又不失去原有的人本属性，这个难题仍然困扰着人类科学家们，这种难题是新时期技术创新和技术风险认知二者关系所面临的新形势。

2. 技术风险认知的创新驱动阈值

我们需要注意到的是，单从技术风险认知对创新的推动能力来说，创新能力伴随着技术风险从隐性到显性的呈现过程而增长，直到技术风险被毫无保留地发现，创新能力也达到一个峰值。但是技术风险的危害性是变量，在未来的技术使用过程中随着变量的增加，技术风险会持续放大，创新能力则是一段时间内人们知识所能达到的值，因此创新能力则趋向削弱（如图 5.1 所示）。当然，在一定时期内技术风险也会达到一个稳定状态，这个稳定状态是社会对该技术的风险承受力达到了可控程度，而与此相对应的技术开发还没有形成。在这个稳定态形成之前，技术创新和技术风险处于一个开放系统，这个开放系统随着相关科学知识和研究学者的变化而变化。

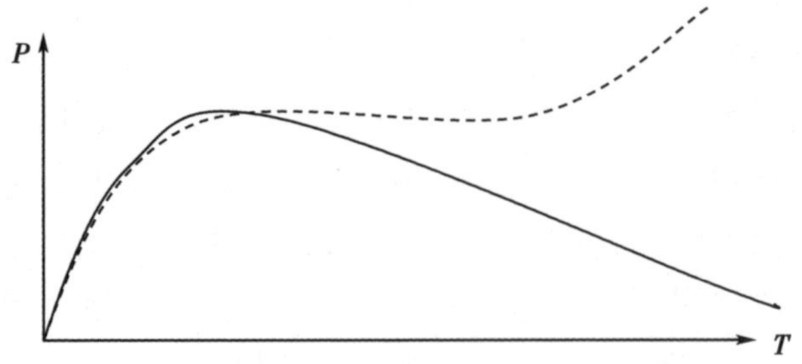

图 5.1　技术创新能力与技术风险发展趋势

（P—强度；T—时间；“——”—创新能力；“-----”—技术风险）

除此之外，技术风险认知对创新的驱动作用与其他的创造过程有所不同，这个不同点体现在其他的创新模式是一种突现。创造力研究学者沃勒斯（Wallas）认为创新的产生要经过潜伏和顿悟阶段。柏格森也在研究中指出，生物的进化是一种突现，而技术风险的创造力产生是对以往技术风险的量化积累，创新的产生不能算作一种突现，因为并没有满足从发现问题到解决问题的闭循环。因此，技术创新不单单是一场技术的革新，同时是一场人与人、人与技术之间的博弈。在这场较量中无时无刻不伴随着技术风险，在技术的创新过程中风险表现在两个方面：一方面是人类的无序创新带来新的风险；另一方面是技术创新造就的技术复杂性带来新的问题。

二、 创新风险的无序性

人类的无序创新是指创新过程中不考虑后果地推动技术发展，其产生的负面影响之一是技术创新的结果存在着道德缺陷。例如，创造出新的药品能治愈疾病，延长人类寿命，但是新的医疗技术并不是人人平等的，那些能享受到这些先进的医疗技术的是拥有社会资源最多的群体，因此，诸如此类的道德问题让人们对技术创新产生排斥。出现在无序创新的另一个负面影响是技术替代了人类的功能。例如，在人工智能发展过程中机器不仅掌握了人类的信息和喜好，更是改变了社会结构，淘汰了众多人类劳动力。虽然有的学者认为人工智能的发展是对人类劳动力的解放，但是谁也不能否认技术的发展让人们更加担心，是否有一天技术会取代人类。

1. 人类能力的技术掠夺

当我们阅读新闻的时候，机器会将我们选择的新闻收集成数据，根据大数据来分类推送新闻。也就是说，当下的技术可以自动识别我们的喜好，而我们习惯使用的符号表情也有可能在未来的某一天被机器所识别和掌握，那么作为人类的情绪表达也就被机器所控制了。我们所做的事请和以前日常所做的事没有变化，变化的是机器，技术的发展更贴近人的生活，“智能化”的技术环境让人们享受技术带来的便利的同时，极容易出让人们的利益。在世纪之交有两件事情值得人们深思：一是 1997 年 IBM 公司所设计的人工智能程序深蓝打败了国际象棋大师卡斯帕罗夫，在之后的人工智能和人类的数次主要对抗中均未尝败绩，包括2016年3月AlphaGo打败了韩国围棋大师李在石；二是2000年初富士康公司宣布用机器人代替了六万名工人，与此同时沃尔玛公司计划用无人机替代仓库拣货员的工作。这两件事情表明了一个共同的事实，即智能技术正在与人类竞争，甚至在某些方面，创新的技术走在了人们的前面。我们担心的人与人之间的竞争是有理可循的，因为人们之间的竞争是资源的竞争（例如围棋胜利或者工作机会等），但是机器并没有明显的需求意图，那么机器战胜人类只是一种偶然吗？

2. 创新过程中的利益冲突

在当代，部分资本主义国家是以技术的使用价值为导向来引导创新的，这种创新的目的是增加产出效率，以达到最大价值和引导新机器的诞生，同时最小化甚至避开近期出现的技术问题，利用社会资源给技术使用者一种技术问题都将被新技术所解决的错觉。长此以往，技术使用者对新技术的不确定性和持续性危害的后果产生了忌惮和抵触情绪，这些情绪无形中给技术创新带来了阻力。田松在《科学的技术到底满足了谁的需求》一文中也提到了技术满足的是资本的需求。他指出在技术的发展过程中，技术“都只是资本增殖的副产品”[181]，这种利益导向使得技术的创新偏向工具理性，忽略了价值理性。对于技术使用者来说，他们恐慌的不仅仅是技术的负面效果，更多的影响是利益和风险分配不均。可以说在技术创新过程中，技术使用者和开发者的关系从未平等，正因为如此，技术利益分配也未平衡过，这种关系的扩大即形成了我们当今的社会。技术虽然没有直接影响社会层级和社会流动，但是在细分领域却侧面影响了社会的种种方面，因此创新过程首先需要解决的并不是技术风险所带来的直接影响，而是社会利益的分配等其他因素。

三、 创新风险的伦理定责

社会是人类启发、创造、适应、同化、摒弃、再创造各种技术的土壤。伴随着社会发展，技术也不停地更迭递进，今天的人们很难想象19世纪以前的人们使用的技术大多数是自己生产的，因此那个时代的人们有足够的能力修理“甚至凭空创造出他们赖以生存的所有工具和技术”[182]。当今的技术与19世纪以前的技术不同的是，技术的复杂性和多功能性使得很多技术是许多个体共同创新劳动的结果，技术甚至已经不能由创新的个体单独来解释，甚至遇到技术风险也不能由个人来修复了。换句话说，我们今天使用的新技术几乎找不到确切有关的人或者组织，因此人类的技术控制力下降了。尤其是世界经济走向一体化之后，各国之间的技术合作变得越来越频繁。这样，人们最大化地利用本土化的技术优势使得技术生产的效率大大提升。然而隐藏在其背后的问题则是技术责任难以确定主体，谁也无法对复杂技术产生的问题单方面负责任，例如飞机、航天器、火车等。

在创新实践过程中，创新主体是群体，然后大多数时候创新主体由企业或者个人承担，然而技术责任却总是嵌入到负责任网络中的，这其中技术风险也需要根据不同主体来界定。近年来在欧洲发起一场针对创新设计阶段的伦理考量，即负责任创新。负责任创新理论认为，很多技术问题应该在技术的设计过程中被考虑到并解决。例如，在生产纸张的时候把废弃的纸张处理问题考虑进去等。在创新的过程中作为创新的主体不仅要迎合社会需要、参与者的需要，而且要考虑伦理、环境和社会，为了达到这个目的就需要更多的利益相关者（包括社会公众）的参与。

在英文中，利益相关者是“stakeholder”，根据《牛津英语大词典》的解释，“stakeholder”的原意是赌桌上拿着筹码的人，后引申为利益相关者。从词源上我们可以看出，利益相关者在最早是承担风险的人，那么利益相关者承担的是什么风险呢？

1. 利益相关者的创新风险界定

首先，利益相关者承担的是组织风险。在创新设计阶段来自不同群体的利益相关者所代表的是所在群体的利益诉求，为了达到这个目的，利益相关者代表组织将该诉求加入到技术设计当中。我们可以看出，这种组织风险转移到技术中也会带来新的问题，例如，近年来新能源汽车的普及使得对充电桩的需求增加，然而在城市和高速公路周围却很难看到充电桩。为了满足这个需求，很多城市在周边设计了专门的充电站，然而随着经济下行，很多充电站在投放后又面临着长期亏损的状况。

其次，利益相关者承担道德风险。早在20世纪初，很多技术哲学家就提到技术物的创新设计应该存在道德规范，例如技术哲学家拉图尔、阿特胡斯等，最终荷兰技术哲学家维贝克将前者研究整合并建构出一个完整的“道德物化”理念。道德物化的理念是将道德嵌入到技术设计中，使技术物不仅拥有常规的使用功能，更能起到规范使用者道德的作用。这种道德物化的理念在近几年应用甚广，不可否认的是该理念也把本该是社会规范的道德理念转移到技术当中。作为利益相关者，这种道德思想的嵌入如果造成技术危险，是归责于利益相关者还是技术，还没有一个合理的定责机制。

2. 创新行为中的风险属性界定

上述所列举的存在风险都会通过技术设计转移到技术当中，而且最终都成为技术的潜在风险。因此我们说，创新的过程，即使是负责任创新，也是一种将其他风险转移到技术的过程。

在此我们也要考虑到，负责任创新在当下还面临着诸多亟待解决的问题：公众参与的团体组成应该是什么样的？怎么让政府责任和民主代表之间在共同利益层面达到一致？在设计过程中如果有技术风险难以解决该不该继续创新？这些问题的存在使得创新也面临着复杂的局面。事实上，在负责任创新的行动中，技术风险管理者是必不可少的，因为在利益相关者群体中最中心的问题是技术收益和风险分配问题，而技术风险管理者的主要职责是评估技术风险并分配技术收益，以平复在技术评估的过程中所存在的争端。科韦洛（Covello）和默克霍尔（Merkhoher）认为，风险评估是指系统地描述和量化有风险的技术过程、行为或者事件。在技术活动中，包括负责任创新参与的技术活动，不可避免地会导致难以预料的后果，因此，即使是由私有个体来实践技术创新，人们也希望政府为此达到风险可控的结果。为了能在技术创新过程中行之有效地评估技术风险，首先需要认识到两点：① 技术风险是可见的或可计算的；② 个体的技术风险认知是理性的。前者依据的是客观因，是可量化的，该风险包含了复杂的数据分析和可能性，因此需要尝试用客观的方式权衡潜在利益和潜在危害；后者的依据则是主观因，其描述的是人们如何看待风险，就像亚桑诺夫（Jasanoff）所说，风险的意义在不同文化里是不同的，我们应该考虑到“我们处于什么样的环境下”[183]，在鼓励创新的机制和环境下，主观因往往是在负责任创新中占主动的，而其他风险由技术风险管理者转移到技术中，这就是技术黑箱的负面结果了。

四、 创新风险的耦合性

单从技术风险的界定上来看，技术的发展是多功能化和复杂化的，增加的技术元素形成的技术功能却并不能达到所有期待价值，例如，手机的众多功能里，用户能利用的只有几种，为了吸引用户，技术开发者增加的功能所达到的只是技术开发者的经济利益，用户却要承担更多的技术风险。为了减少这种风险，人们需要的是减少无用功能，而正因为这样，技术创新如果看作一个发展过程的话，那么技术创新就是一个从问题到问题的区间发展物，创新发展到一定程度无疑会踏入技术风险的领域。

因此，虽然技术创新和技术风险是两个不同的概念，并遵循着不同的发展方向，但是在现实生活中二者又相互转化难以区分。例如，在医疗使用上，人造血液在很多情况下能挽救病人的生命，但是人造血液毕竟是一种技术替代物，在临床中专家们发现人造血液并不具备人体内血液那样的免疫能力。在哲学家们看来，改变人类自身的器官的技术活动都是危险的，这里需要引入哈贝马斯的观点，他认为生物技术造就了一个状况，即“我是什么和我把自己做成了什么之间的界线消失了”[184]。生物技术提高了人类的存活率是以改变自然身体为前提的，通过技术将人类一部分改造为机器，这也是哲学家们产生担心的原因。因为这个问题涉及元问题，而我们需要考虑的仅是技术的创新是否需要给予一个限定范围。

在技术创新和风险的界定上，有一个至关重要的影响因子，这个影响因子就是价值。在技术中立论学者们看来，技术是将自然物物化为人造物，因此技术并不涉及善恶问题。这个观点受到了很多学者的质疑，他们认为，虽然技术不涉及善恶，但是技术创新的目的却有所不同，因此，技术创新之所以会变化为技术风险，其中主要原因是工具理性的存在。早在19世纪，德国社会学家马克斯·韦伯提出了合理性概念，他将社会行为分为四类，即目的合理性行为、价值合理性行为、情感行为和传统行为。马克斯·韦伯的工具理性和价值理性是从主体的目的论角度的判断，其中，工具理性是资本目的性，价值理性是道德目的性。因此，想要给技术创新和技术风险划界，就需要把技术创新的工具理性搁置一边，单从道德角度才可以进行区分。

第六章

技术风险认知的负效应与消解进路

技术风险认知的存在环境和主体心理之间存在的预期偏差和专家的盲目信任，造成了技术风险认知主体对技术的不信任和潜在的技术抵制心理，这些负面效果造成了人们认识技术和使用技术甚至技术创新的负面效应。

第一节　技术风险认知的负效应

技术风险认知细分来看，表示主体对与技术相关的潜在危害和风险的物质信号或者信息的处理过程，以及对该技术的接受能力，因此，技术风险认知的负面作用主要体现在两点：① 对技术可控性和技术收益的心理预期偏差；② 对技术社会化的无端抵制。从我们在上文中对技术风险认知的主体论环境分析中可以看到，技术风险认知直接影响人类对自然和技术关系的调制与重构。因此，当主体的技术风险认知产生了异化，人类将走向后人类主义所期待的目标，从而失去人类与技术的本质区别。

一、 技术结果的心理预期偏差

人们的技术风险认知来源中，风险和收益是最重要的考虑因素，例如，某个城市的工厂污染十分严重，但是该地的居民却不愿意搬迁，究其原因，该市的物价稳定，房价相对较低等其他因素综合起来，技术风险要小于其他收益。

埃吕尔总结了当代技术的七种特性：合理性、人造性、自我管理、自我支持与增长、独立性、普遍性和自动化。相比较而言，泰德·卡辛斯基也认为技术是一个自治的、完全虚无的力量，一个普遍存在的系统。虽然这两位学者的观点中都出现了对技术自动化与普遍化的描述，可是两人的解决路径却走向殊途，可以说，卡辛斯基的极端行为来自他自身极端的技术风险认知。

对于卡辛斯基来说，技术是民主背后的助力，是奴役人性的怪兽，而技术自治所带来的结果在他看来具有强烈的阴谋论，普通人已经被技术洗脑以至于他们不可能意识到技术风险。因此，在他极端的技术风险认知看来，要摧毁怪兽，就要摧毁整个技术系统，例如工业可以提供更大的价值，前提是“增加产品和系统之间的互操作性”[185]。

对技术收益的判断上，无论是人们使用启发式直觉或者是成本效益分析，往往都沉浸在收益的诱惑中，而这种诱惑是人类不可满足的欲望所导致的。比尔·麦克基本（McKibben）认为我们当前的技术已经足够了，我们应该控制我们自己并停止技术发展[186]。显然，麦克基本的观点无法实现，技术发展的推手并不是人类，而是社会，在各国之间存在社会和经济差异的直接原因是技术水平的差异。因此，对于技术的未来，人们选择性忽视了技术风险，而更看重技术收益，“人类对新技术太过狂喜，以至于他们忘了只有成为技术人员才可以做任何事和不成为任何物”[79]。

二、 盲目信任与两极分化下的技术风险认知

应给予公众参与决定社会基本结构的权力，而技术是社会结构的重要部分，因此技术的设计、应用应该是民主化的，这并不意味着所有人都必须参与到技术决策中，民主的前提是让我们公平和有效地决定技术决策。正如亚里士多德所言，技术的终点并不是制作，而是技术带来的对于善的多种理解和政治秩序。因此，技术风险认知的表现方式之一是人们对技术的无端排斥，因为在当代社会，专家推动人们与技术相通互融的生活方式，却不承担技术所带来的负面风险。

哈德威格说，当人们依靠专家时，那种信赖必定是盲目的[187]。赋予专家不当的权威性会抑制公众的知识、价值和旨趣，因此德雷福斯拒绝把专家定义为信念源的普遍化倾向。即使人们认同专家在

制定风险决策时的有效成绩，但是从现象学层面来说，信任是通过胡塞尔所言的“主体间性的匹配”确立的，通过从自我的行为到专家行为进行前反思的类推。个体对影响范围巨大的技术的风险认知并不知晓，直到他们获取社会媒介所传达出来的他们所期望的共同意见时才会显现。埃吕尔认为，技术的结果取决于人们了解、控制和为善行为的能力，这些能力的建立就是人们获取技术信息和处理技术信息的能力和过程。对于信息的内涵来说，他们真正的意义容易淹没在字面意思中，人们也很少对信息内涵意义进行详尽思考。

在 *Malfeasance* 里，麦克·西尔斯（Michel Serres）将广告看作当代的一种污染[188]。在媒介生态学视域里，人们大部分时间通过传播系统了解技术，西尔斯更是将传播看作一种体察技术、社会、历史和自然的方式。因此，媒介的发展不仅提高了人们获得技术信息的能力，而且形塑了人们的技术风险认知，扮演着古老的引路人角色。然而传播并不是同等的，占据媒介高度的群体可以自由控制对技术风险的传播，而普通大众只能被媒介边缘化，西尔斯将这种分化生动地比喻为“航空旅行”：“（媒介）将世界分离为两个不同的王国，在空中的作为头等世界的旅行者享受着全球飞行的乐趣，对于地面世界，可怜的穷人却惨遭遗弃。”[189]

每当社会环境发生改变或主要技术产生革新，新的技术风险评估体系就要重新评估。专家拒斥普通民众参与技术决策是有一定原因的，而这个原因是复杂的语境造成的。

媒介中符号所形成的语境淹没了人们对其他关系的体察和关注，也阻挡了我们与自然的联系。提姆西·巴克（Timothy Barker）指出，媒介将自然推至背景以维持人类的临时性状态[190]。我们需要重新思考构成人类的技术和自然两部分的聚合比例，组成人类所处的语境不应该只是经过粉饰的符号和信息，而是通过筛选的事实，纷繁杂乱的信息不利于普通公众在技术风险上的决策，一个媒介有义务对它所传达到语境中的信息保持敏感和负责任，而这一点也需要我们通过对语境的把握来实现。

三、 人类的技术风险认知迷失——现代性与物性的异化

人类对自我的指涉方式发生了变化，预示着人类与技术的关系

从分裂走向统一，从主奴关系走向共生，造就这一变化的原因就是人类技术风险认知在科学和技术增长中的迷失，这也是现代性体制下的结果。

当我们尝试理解我们的视觉在大脑中的呈现方式时，我们用技术来形容这一过程变得更加形象而科学：眼睛就像一架照相机，成像过程就是我们的视觉过程。而我们对这一过程的描述并没有止步于此，科学和技术发展将会赋予我们对自我和事物的理解增添更多的细节和方式。

为此，我们需要更加了解自然以及曾经作为自然归属的“自我”，但是将会以技术的方式。黑格尔认为，哲学把握自我意识的理念乃是现代的事业[191]。而主体性乃是现代的原则，“根据这个原则，黑格尔同时阐明了现代世界的优越性及危机之所在，即这是一个进步与异化精神共存的世界”[33]71。主体性体现了自由和反思两种思想在当代存在方式的并行与制衡。而现代性的行进方式就是获得自由的同时或者之后对自由的反思。

人类从自然法则中获取的能力（科学和技术）组成了人类“自由”的体系：“所以，一切奇迹都被否认了：因为自然乃是若干已经知道和认识了的法则组成的一个体系；人类在自然中感到自得，而且只有他感觉自得的东西，他才承认是有价值的东西，他因为认识了自然，所以他自由了。”[191]

芒福德将技术划分为两种：综合技术和单项技术，前者用来认识人类的潜能，后者则是用来发展人类的能力。对人类来说，内在环境（知识的积累）和外在环境（社会的改善）都是人类发展的目标。奥特加强调人类存在就是技术存在，因此他反对将人类存在纳入到自然中，而认为人的目标是解释自然，即达成认识与工具的目的。这种激进工具主义正在技术风险所带来的人与自然关系恶化的结果中得以重新走进人们的观念中。

后人类主义者摈斥人类的现代性，他们认为人类现代社会所面临的种种危机正是因为人类没有处理好人与技术的关系，因此他们站在技术的一边予以辩护技术存在的合理性与必然性。后人类主义代表库兹韦尔（Kurzweil）认为，技术尤其是影响深远的技术，所带来的收益远比技术带来的风险和技术抵制要有价值。他相信人类可以塑造和引导技术的发展方向。事实真的如此吗?

奥特加把技术的进化过程分为三个阶段：偶然性技术、工匠技术和工程技术。无独有偶的是，心理学家弗朗希克斯·奥斯维克（Francois Osiurak）在技术对人类认知影响的研究中也将技术的发展分为三个阶段：物质阶段、复杂阶段和共生阶段。如果我们将这两种阶段的划分进行重合会发现，两位学者对于技术的发展轨迹有着极为相似的描述和预测，即技术人性化。

海德格尔认为技术是人类探索世界的方式，发现、转化、储存、分配、转变是当代技术反映真理的五种主要模式。通过这五种模式技术将人类变为座架，而人与技术走向统一的结果是可怕的，因为我们无法知晓技术人的出现是技术控制人类还是人类掌握主动；同时，人与技术的统一也是消解技术风险认知的唯一出路，因为主体和客体的二元关系终究得到了消解。

第二节　负效应的消解进路

一、 认知控制下的技术风险认知重构

1. 目标指向的风险心理调节

在技术活动中，人们持续地被来自本我的希望和欲求与来自超我的社会需求之间所撕裂。为了减少、避免人们与技术风险之间的冲突，从心理学角度上需要通过认知控制达到这个目标。

认知控制的因素包括了主体行动的维持、抑制和转换[192]。其他学者的研究集中在更宏观的层面，例如怎样控制过程会影响主体的自我行为控制，虽然从神经图像学的角度已经解释了认知控制的生物学机理和大脑成像，但是我们从技术风险的角度来审视认知控制，却还有其他问题需要解决。例如，认知控制对主体的风险认知有什么影响？或者换句话说，什么原因导致了认知控制的发生?

人类的目标指向行为来自就结果而言的预期心理能力和行为表现。而期待、知识和目标都能塑造人们的技术风险认知。一旦锁定了目标，大脑中与目标相关的信息就会被激活。在这种情况下，信

息的流动和主体行为都会发生改变（例如主体会屏蔽干扰信息，监测自我行为等）。虽然认知控制的发生过程仍然受到我们上文所提到的认知渗透的影响，但是主体通过调节目标和信息内容使目标指向具有利益相关的表征，这里，目标指向行为需要满足以下两个基本特征。

第一，目标指向的主体行为同时代表了主体的感知结果，例如大卫·马尔（David Marr）等认为“视觉是对外部世界描述图像的处理过程，且对主体来说是有用的”[193]。主体确定了目标之后，感知经验就会产生个人偏好。

第二，目标指向的主体行为中，收益价值在其中扮演了重要角色。需要注意的是，收益并不只是出现在目标指向的始端，也可能出现在主体所处环境中出现的相关信息中。

人所共知，行为和结果符合双向动机机制，当然也存在着多种行为产生同一个结果（灯亮了可能来自触摸开关、拍手等）和一种行为产生多个结果（司机踩刹车的行为在雨天和晴天是不同的）。人类目标指向行为会从简单的目标活动进化到复杂的社会目标活动，用同样的行为-结果机制作用于不同的情境中[194]。换句话说，特定的学习模式（行为-结果机制）与观察得到的语义符号和认知符号相融合，把这些符号应用到之后的行为-结果的感知中。然而，处于多变的环境中的人们需要他们的行为更灵活，因此当一个行为产生的实际结果与预期不符时，主体的大脑中就会产生行为相关的错误信号。由于技术主体的意向性不同，期待性结果也存在差异。因此，在目标指向的技术活动中我们要强调认知行为的目标指向属性，该目标即收益或者回报。

2. 认知控制下的风险收益调控

阿尔特斯（Aarts）和他的同事指出，认知控制的过程受到大脑皮下层的多巴胺的调节[195]。这里，该研究把多巴胺视为一种生物学上的收益信号，并分析了产生该信号的过程。研究人员认为在认知控制的研究中，收益信号对主体认知有三个基本作用。

（1）维持相关信息和行为的活跃度，以期达到处理可能出现的突发情况的前瞻性准备。

（2）阻断无关信息，降低反应冲突的发生概率。

（3）为了适应环境变化，收益信号可减少转换认知任务过程中的消耗。

另一项研究则证实，对物质的预期收益会促进认知主体的行为表现[196]。该研究指出，控制认知收益的价值和刺激来源可以影响主体对信息的处理过程以及使用技术的行为表现。收益信号一旦产生将是持续性的。安德森（Anderson）认为，收益会独立于认知控制系统之外而自动触发，收益刺激人们激发联想，使得收益效果不仅具有价值指向的特征，而且提高主体对收益的期待。收益可以被划分为学习、情感和动机三个子系统，这些部分独立地影响认知控制的发生、过程和结果[197]。

学习系统增强收益效用，人们在面对技术风险时首先联想到的是之前所获的收益，通过这种经验的联想强化了认知主体的技术使用动机。情感系统提升主体探索潜在收益的积极性，促进任务转换和认知弹性。我们上文提到主体排斥技术的原因中，技术弹性是其中之一。在这里我们可以通过情感的认知控制调节、去除技术弹性的负面效果。

动机系统作用于主体对预期结果的控制，主体动机和关注点之间的关系是理解技术使用的基础，注意力有时也会作为调节动机和认知过程的中间枢纽。注意力的选择性强烈地影响我们的感知经验，来自外界环境的庞杂信息，例如颜色、形状、大小等远远超过了大脑的处理速度。由于这个限制，客体进入主体认知的准入性就会产生矛盾，从而影响人们技术风险认知相关的决策和记忆。而客体之间的矛盾会产生竞争，主体才是决定“谁”可以进入其认知的决定者。动机和认知控制的关系是一个意向性的问题，因为认知控制常常被定义为基于维持内在目标的思想和行动的调节行为。人类的动机系统可以分解为两个基本的子系统：接近的意向性和远离的意向性。意向性差异的直接影响方向是情感状态，因此动机的触发过程伴随着情感的参与，深刻地作用在人类的感知、注意力、记忆和行为表现上。

根据规范理论，任何信息如果不是直接用来帮助决策选择的期待价值则不应该影响选择，即使如此，技术和其他元素比起来仍具有先天的优势。由于技术本身的设计需要决定了技术的社会适应性是很强的，因此如果我们很容易看到，在技术收益面前，风险变得不值一提。以技术风险认知主体常用的成本收益分析为例，成本收益分析通常并不适用于解决某些收益和风险对等的情况，反而常常是收益大过风险，而隐形收益更容易被主体所高估。米尔格雷姆在服从权威的著名实验中得出以下两个结论。

结论1：主体在没有能力和经验来自主做出决定的情况下，尤其是在危机中，将把决定权移交给群体。

结论2：如果主体把自身看作执行他人意愿的工具，那么他们就不再为自己行为负责。

人们对科学技术的依赖体现在对权威的从属，造成了技术进步的反作用，科学知识的发展过程中不断推翻旧的知识，并且需要人们产生相应的认知观。然而因为对科学的信念使得人们在一段时间拒斥新的科学知识，从认识论的角度来看，每一种科学的社会化即形成一个拉卡托斯的“硬核”，也就是科技对人们的认知控制表现。

控制过程应该作为消除负面障碍而所做努力的一部分来对待[198]。也就是说，认知控制可以看作一个工具或者技术，这个“工具论”视角为研究刺激和认知控制之间的相互作用提供了清晰的研究进路。

在技术活动中存在着资源分配的技术理性，即资源应该被一个保守规则所保护，所消费的资源最终结果必须有显著的回报作为补偿。早在20世纪80年代，佩恩（Payne）在研究决策时就指出，决策制定者在使用决策的策略时相比较其他因素，更依赖付出-收益分析。近几年的研究中也发现，人们常常会把收益价值和需求包含在内的信息用来权衡利弊。在技术的修造下，主体对技术风险的需求也内化到情感层面。因此，如果要避免技术风险认知的错位，认知主体的情感归因就需要被考虑在内，一方面，技术社会化过程要增加认知主体的参与度；另一方面，发挥技术知识的意识建构作用，增强认知主体对技术的认知能力，只有这样，认知主体才能在技术风险认知的环境中避免产生迷失。

3. 认知控制下的风险主体情感调和

在技术风险的环境中，人们往往被设计者所诱导而将注意力集中在技术的优势上，忽视了技术所存在的风险。久而久之，人们习惯于技术所带来的情感慰藉、社交便利等产生的愉悦感和认同感。

习惯是在潜意识下反复而有规律的日常行为，习惯满足四个特征：有效性、无意识性、无目的性和失控性。一旦习惯形成，由于人们反复的行为模式印刻在神经元上，旧的习惯因此很难打破。如果该行为反复出现在一个情境中，那么随着行为发生的递增，情境和行为的联系也随之递增。

我们所熟知的很多技术风险认知的理论多来自经济学，例如非理性收益、期待价值、经验法则等，因此，我们援引诺贝尔经济学奖得主西蒙所倡导的有限理性原则。有限理性考虑的是环境的复杂性，即人们在获得信息的时候面临的是复杂情境，个人对环境的认知能力无法满足冗杂的信息，同时有效信息又存在破缺。在这种情况下，人们在制定决策时的标注并非“最优”，而是“满意”。因此，有限理性原则降低了现实生活中理性的重要性和预设标准，增加了外部因素（主要是情感）的准入性。

德国哲学家卡尔纳普认为，认知倾向和兴趣不是深思熟虑的结果，而是决定于情感、信仰、性格和生活环境，这种情况不仅存在于哲学中，而且存在于大多数理性科学中[199]。

关于情感对认知的影响，美国心理学家、哲学家安东尼奥·达马西奥（Antonio Damasio）以情绪为出发点，从演化的角度解读了人类认知产生的路径。达马西奥根据一系列关于大脑损伤的临床研究，总结出大脑控制理性的系统的同时处理情绪[200]。学者德索萨（de Sousa）也指出，情绪“引导了理性思维的过程”[201]。这些学者所倡导的是对情感的研究回归。从认知角度来说，科学知识依赖于描述性认知和规范性认知。长久以来，这两种认知被区分开形成二元论，导致人们“忽视了情感对认知的重要性”[202]。直到加拿大哲学家保罗·萨迦德（Paul Thagard）指出这两种认知是“紧密相关的”[203]。规范性认知如果代表理性思维，那么描述性认知就是基于情感的研究，对认知的刺激控制来自情感动机，巴维尔（Braver）

等称之为情感动机法（affective-motivational perspective）[204]。大量的文献研究表明，积极情绪可以扩大认知、富有创造力或收缩认知、提高专注力。从认知神经学的研究中我们也找到了行为与情感的相关性。情感是外部刺激和内在心理反应的综合作用。当然，情感会随着多种反应系统的变化而变化，例如经验、行为、生理机制等。

如果要了解情感对认知的影响，就需要知晓控制情绪的机制和产生情感的过程。为了了解认知控制和情感的关系，格罗斯（Gross）和他的同事将行为和认知同时做了对比研究，以明晰行为和认知在管理情感上的优劣。在研究中他们发现，对负面情绪行为管理可能会抑制行为上的表现，但是不会抑制不良情绪所带来的经验、记忆。反之，认知能在不损害记忆和身体技能的前提下调控负面情绪[205]。

研究结果指出，和非注意力中的刺激相比，处于注意力中的主体行为和神经反应更能促进人们对信息的优化选择。研究结果发现，一些判断可能会迫使主体增加注意力，这样大量地限制感知信息的输入过程，并抑制大脑中杏仁体的反应。

处于愉悦情感状态当中的主体更享受技术活动，反之则排斥技术活动，例如，讨厌计算机的人在使用电脑时觉得时间变得特别漫长。体验的愉悦感让有机体在较长时间内坚持与目标相关的行为，所有技术映射到主体认知里都被归为这两种相反的情感效价，而这两种情感效价反映在人们对技术的接受和排斥态度上截然不同的两种表征。

4. 认知控制下的技术风险接受性

决策、直觉和情感之所以是主观的，是因为他们是个人拥有的特性，是我们拥有的认知能力。理论上来讲，人们接受技术风险基于对技术风险的相关性和成本效益分析的判断，然而以成本效益分析为代表的种种规范制定的决策模型仅仅当主体接受某技术时才能生效。技术与人们的相互影响决定人们接受或者拒绝该技术。随着技术的发展，技术特性变得复杂而难以理解，因为技术特性存在于产品中，而产品往往整合了多种技术责任，人们对技术知识越来越难以掌握。因此，人们会主观性地排斥技术，形成消极的技术风险认知。

技术参与到社会经济系统的本身就使得危险固化，掌握着社会权力的政府和公司通过媒介和自己的公信力劝服公众接受技术，然而技术带来的危险往往难以言明。同时，作为技术的源头，科学的发展需要更多的试错以获得数据，这本身就形成了难以调和的矛盾。

以欧洲疫苗事件为例，1796年，英国医生爱德华·詹纳为了消灭肆虐欧洲的天花病毒，在小男孩詹姆斯·菲利普斯身上种下了牛痘，从此，疫苗开发流传到世界各地，逐步建立起以新疫苗、疫苗组合和疫苗接种系统为主的防疫体系。历史证明，人们对技术的接受往往是因为面临更大的风险，由于各国政府基于保持本国人口的考虑，第二次世界大战时期是疫苗研究和应用的急速增长时期。第二次世界大战的参战国，包括英国、美国等主要资本主义国家建立的防疫系统得以继续发展。然而，由于技术的复杂化，公众对技术风险的接受度随之降低，公众不可能和专家一样拥有系统的科学知识，他们也不需要如此。从实践角度来看，公众仅仅知道如何做出有效决策即可，于是公众对技术浅尝辄止的理解造成了人们更关心疫苗带来的副作用。英国前首席医疗官利姆·唐纳德森（Liam Donaldson）无奈地表示，“我并不怀疑MMR（麻疹、流行性腮腺炎、风疹）疫苗对保护孩子们安全的重要性，我也理解孩子父母做出积极决策是如何的困难”[206]。

态度、知识、社会能力是人们接受或排斥技术风险的主观因素。不少实证研究结果表明，人们对技术风险的恐惧是完全非理性的，因为当人们需要解决一件没有被详细描述的紧急事件时，人们就会把这件事归为风险。对当权者的信任和对保护措施的信心会影响公众对技术的态度。信任是个体用来考量对外界信心度的内在心理机制。由于复杂的社会环境，个人经验不足以满足面对威胁时的准确判断，因此，个人往往不得不相信决策制定者和专家，遗憾的是，因为疫苗的商业化，对于决策制定者和投资者来说，公众对疫苗的抵制行为在他们看来成为技术发展过程中的一个必须克服的障碍。市场经济发展需要更加先进的技术，然而对于技术的安全性和道德性永远落后于技术创新，这使人与技术之间的矛盾日益尖锐，于是有人建议“通过研究人们对技术的态度，用市场理论来最大化技术收益”[207]。我们对于实践的评判不会直接判别为风险性或者安全性，除非在这个实践中掺杂了对收益的期待，于是以工具理性为目的的研究完全曲解了人们接受技术的初衷，即“为什么技术不被接受”，而不是“怎样确保技术被接受”，后者的强制性态度割裂了技术与人的相通性，否定了技术价值并导致技术主体的认知排斥，这也是为什么在技术风险认知的研究中，可接受度成为学者们所强调的认知标准之一。

社会接受是指一个新技术被公众所接受或存在于公众可忍受的范围内。哈贝马斯把认知看作工具理性，把道德和审美看作实践理性。很多哲学家，包括哈贝马斯在内，对认知的作用十分重视。而对哈贝马斯有影响的另一位哲学家皮亚杰的理论中也认为，“包括社会认知发展和道德的发展，都是认知潜能逐步发展的结果”。因此，从认知指导实践的层面来说，人们往往忽视了道德的规范性，接受技术意味着认同技术的社会收益和技术创造者的理念，从社会接受到道德接受是技术发展所缺少的一环。道德接受是当新技术在其社会化初期，存在的道德问题也算在人们接受范围内。

技术与我们的生活结合日益紧密，因此技术的发展迎合公众喜好，然而公众对技术的认知能力远落后于技术的更新，导致了公众对技术的不信任。在最近兴起的技术研究中，以美国为代表的西方国家产生了劝导性技术（persuasive technology）和迎合公众技术（public interest technology），从认知方面改变公众对技术看法的研究。在讨论技术风险时，需要区分“技术真正接受”和“公众可接受的风险量”，接受技术是无条件的接受吗，或者是在公众对技术风险的自我意愿之下接受才算是接受某一技术呢。

关于这个问题，要从定义“接受”来入手，关于“接受”，人们的伦理概念影响“接受”，例如分配和过程的公平[208]。有的学者认为“接受”是一个量化概念，对于技术风险而言尤其明显。在有关风能的项目中，奥斯特拉肯（Oosterlaken）指出，接受技术的关键点“不仅仅是接受，而是从伦理上的接受度问题”[209]。

重要的是，在技术接受的研究中要区分两种类型的问题，即规则问题和工具问题。前者涉及基础伦理问题，参与过程不能解决诸如代际公平等伦理相关问题；后者则涉及对利益相关者的辨识和如何公平地代表利益相关者，接触信息的透明化等。这些存在于技术接受模型的问题可以进一步细化为六个方面。

第一，人们对技术的接受有时是基于不完全信息甚至是虚假信息。无论是出于何种目的，信息鸿沟的产生造成的往往是技术风险倾斜于技术使用者，对于技术接受也是把技术风险在认知中边缘化。

第二，哪些公众应该接受新技术尚不明晰。如果把新技术的使用群体做区分，利益相关者可以作为首要群体，而没有直接受到新技术影响的可以称为次级群体，例如，开车的车主撞到了行人的情况中，行人的亲属等就是次级群体。

第三，对于新技术接受的空间和时间上的分配问题。这就涉及代际公平的伦理问题，例如当今的时代发展到哪一步的情况下人们可以使用非可再生资源？

第四，存在风险的技术可能因为道德上的错误而被人们所接受。

第五，一个技术项目可以在错误或者不公平的过程中被接受。

第六，一些技术工程会带来国际风险。

如果人们很少或者从未排斥一个技术，那么科学理论所展示出来的技术创新就会被社会所接受，因而技术可以看作独立于人类欲望的发展逻辑。社会趋向于适应技术而不是改变技术来适应社会，只有这样，社会才能获得技术所带来的最大化的效率，我们的市场机制鼓励人们接受新技术。

风险接受这个主题近几十年在风险评估文献中经常出现，也在各种地方作为矛头所指向。风险在理论上是永远不会被“接受”的。但是在风险认知和“接受”的狭义概念里常常对于整体系统和技术考虑的正确认知模糊不清。韦恩强烈批评风险接受范式，因为它误导了具体的定量标准上的简单风险，认为风险的定义没有能在不同的语境下被理解，外行更是如此。对语境的理解具有两个必要前提：共有经验和信息的可获得性。然而有关技术的信息具有两层传播机制，第一层是技术专家内部传播，第二层是从专家到公众的传播，从专家到公众缺少了共有经验，而这一点恰好是理解技术风险所存在的语境以及决定是否接受技术风险的基础。

其他研究者针对公民对于技术风险相关方面的选择是完全自愿的观点提出质疑。例如普赛尔（Purcell）指出，无限制的选择是不存在的，可供选择的都是有所限制的。人们不能在没有大量专业知识的情况下允许他们在多种选择中辨别系统的评价风险或者收益。因此个体不能“选择”而且因此也不能接受他们不了解的风险，更深刻地说，人们更容易选择或者接受那些社会认可的产品或者技术，因为人们在潜意识里会默认这些技术是专家和政府所认可的，从而在技术接受的心理态势与其说是对技术的信任，不如说是人们在缺少信息情况下对公信机构的盲目信任。

因此，传统的风险管理文献坚持用技术专家统治论的进路看待问题，这种当代柏拉图主义却忽视了公众的参与价值。例如奥尔特温·雷恩在一份述评中强调风险管理在风险评估过程中的重要性，他们把风险评估看作个体、代理人和社会团体对于任何制定风险的决定和接受过程。如果把这种风险看作不可接受的，那么在理论上，适当地通过风险管理意味着降低风险。

沃尔夫（Wolfe）在研究美国对于危险排放物的技术开发过程中的反响时，设置了一个理论框架来分析争议技术的公众接受的情况，他把公众的可接受性和公众认可区分开，前者适用于人们有意愿去考虑技术后果；后者是用前者的决定来补充建议。二者就合法性、代表性、排他性、权威性和权利方面考虑的是不同的维度。对于沃尔夫来说，可接受性解决的是一个技术作为其他技术的替换物去符合社会价值和规范的广度问题。他们强调，一个技术可能在技术上可行，但是却不符合社会可接受性的条件。可接受性是一个闭连集而不是以简单的二分法来划分技术的对错、善恶，标准是随着时间改变而判断技术是有益或者有害，但是有证据显示可接受性和认可是拥有不同维度的价值负载概念。

即使人们表示他们普遍接受一个被政府或者其他群体所推崇的技术，这个结果也并不表示一种无限制的承诺，也不会带来行为上的完全改变。例如，我们已知人们在全球变暖的认知和环境改变之间存在着差距，而且人们愿意去改变他们的行为来应对环境问题和适应更持续性的生活方式。来自不同领域的研究者已经证明政府出台政策规劝人们减少消耗，践行更节约的生活方式的办法没有成效。这其中的原因很复杂，在认知和行动间所谓行为鸿沟和裂缝深深地表现在日常的行为和价值之间，而且不容易改变。

技术增加了我们对事物的不确定性，技术是持续地制造越来越高级的事物附件的活动。人们对技术带来的预期价值促使研究者和设计者不断追问技术创新带来的效果，当然预期价值包含了系统的思索，旨在增加技术社会化过程的适应力。然而，当技术产生了某种社会预期，社会却没有满足时，这种结构和实践的冲突就带来社会的张力扩大。因此，埃吕尔表示，社会忽视了技术和技术的社会性。因此，他并不认同技术专家所描绘的技术在社会应用方面所展示的美好愿景。任何公众排斥技术的行为可以被解释成对风险评估的误读。因此，无论是对于风险的解释更加明晰或者制定更多的应对风险的方法，都旨在“归正”人们“错误”的技术风险认知。

技术提供了一种方式或方法，让人们在自由意愿下通过技术提供的便利条件避免与社会主流的道德冲突。内含在技术中可供人们选择的可能性比大多数人们想象的要多，社会能力的不饱和、实践的期待等都是技术可实现的目标，技术所带来的显见收益会积累在个体的自由社会结果上。因此，我们在判断技术风险时所依据的价值的变化是由技术的变化导致的。有一种观点认为，技术排斥的产生是人们意识中自然价值的解构，例如，在 20 世纪初美国的大工业生产运动所导致的污染现象就被看作正常的。然而事实上，我们的知识增长和传统价值所产生的落差才是技术排斥产生的根源所在。人们排斥的技术特性主要有以下几个。

（1）技术复杂性。

技术复杂性是指技术难以理解或使用的程度。技术复杂性尤其表现在高科技行业，例如 IT，高科技行业的技术存在技术跳跃，即技术从初级越过中间发展阶段跨越到更工业化更先进的技术阶段。因为这种跨越性使得人们没有受到适应该技术的阶段性培训，所以，人们会对技术复杂性产生适应性恐慌。

（2）技术疲劳。

因为技术的持续进步，如今的技术产品可以花费少量的钱而表现出多种多样的功能，很多技术产品的功能相互重叠，所以会让用户们产生技术疲劳。普遍来说，用户不会完全使用复杂技术产品的全部功能，对于他们来说，更多的功能只能转化为更低的使用价值。和我们上文所说的极大极小法则相反，技术疲劳的另一个影响是过度选择。过度选择是指在短时间的认知重担造成用户难以做出正确选择而因此带来的购买后的后悔感。后悔感所带来的技术风险认知不仅仅造成个体的技术排斥，也有可能通过社会关系传播到群体中去。

（3）低技术弹性。

技术弹性的含义是某技术在使用方面，面对不同个体时所表现出来的灵活性。换言之，一个技术具有很强的技术弹性更容易被人们所接受。人们在使用技术的过程中所养成的技术习惯会伴随着个体，例如习惯于手机键盘打字的人会不习惯触屏时代的手机输入方式。因为这个原因，不少人会放弃使用新技术，“原则上，我们至少是在对一项技术的接受或拒绝之间做出选择，切记拒绝一项技术很大程度上意味着接受另一项技术”[5]。

（4）技术物的道德内化。

技术物在产生之初就被人们赋予了一定的道德内涵，因此技术物在之后的使用过程中会面临着来自不同道德标准背景的人们的二次衡量。技术物的道德内化速度较快，很多人在难以适应的情况下会选择放弃甚至抵制技术物。当面临这种情况的时候，不同利益相关者会放大技术的潜在危害，阻碍技术革新的进程。另外，在技术的发展过程中，为了迎合各利益群体的需求，往往忽视了自然本身也是技术的利益相关者。因此，在心理角度上对技术风险所做出的认知控制努力，要从道德层面考虑技术接受的问题。

二、技术风险的社会传播与风险管控

1. 社会性差异表征下的技术风险认知

技术风险认知不能简单地从人们对技术的接受或者排斥来解释人们对技术的态度，把技术风险纳入到社会中去就要从不同角度来考量其对不同社会方面的影响。我们要认识到的是，人们参与技术并有良好的技术风险认知，一定层面上对社会经济的安全、社会融入以及社会结合等都有所增益，这个过程既增强了个体间的沟通与交流，也增加了彼此的信任。在技术与人类的日常生活中，个体会给技术一个物质、意识及社会的地位，因此对人们和技术之间复杂关系的理解是很重要的。人们的技术风险认知，包括个人、组织等，决定了技术接受或者排斥，从内在角度来说，技术总是和经济、政治、文化交织在一起，人们不使用或者排斥技术的原因是人们存有消极的技术风险认知。

从技术史的角度来看，技术的起源是个人利用自然资源适应、改造自然环境的一种方法。伴随着技术的不断发展，技术既可以造福人类也可以毁灭人类，人们害怕的不仅仅是技术带来的负面效果，人们更害怕的是技术被用来作为战争等用途时带来的毁灭性灾难的可能性。例如核能可以节省资源，改善生态环境，同理，核武器的破坏力是更显而易见的。相比较技术虽然给人们带来了方便，但技术的风险让人们更加畏惧。因此，人们在技术出现之初对技术风险认知并不明确，直至20世纪技术风险才被越来越多的人所共识。

虽然人们的技术风险认知形成较晚，但是人们对于技术的排斥会直接影响技术的社会化而且会表现在更大的社会维度上，技术风险认知对于技术落实于实践的过程具有相当重要的现实主义意义。个人面对风险时最基本的策略是极大极小法则，这个方法也常常被人们用来判断对技术接受与否。这个方法的意思是，人们对其所作决定带来的可能性灾难最小化，以减轻决策后带来的后悔感，因此这个原则是理性的。因此，根据上述原则，当人们在面临技术风险时有三种方案。

（1）逃离。逃离技术风险可能危害的区域是人们第一选择，没有足够的技术知识和技术背景，人们无法估量技术风险可能带来的后果，在主体趋利避害的心理作用下，逃离是最优选择。

（2）斗争。斗争指的是人们利用技术知识找出面对技术风险的解决方法或者利用舆论和抗议等制造压力，迫使决策者放弃或改变技术。例如，中国福建和云南的PX事件，大规模的公众抗议使得政府迁移了 PX 工厂。

（3）沉默。如果在前两种方法无法奏效的情况下，人们只能放弃和技术风险相冲突，转而调整技术风险认知以适应技术风险。

个体在广泛社会中的地位较低，普遍价值和经验都会反映在他们的信任维度上，而且这些都会扩散到对于问题所产生的即时危险认知之上。例如，有信息表明那些相信科学家和企业或政府的人们对于新技术的接受也较为积极，例如在基因改造技术中，人们对于科学家在有机物方面的研究成果是影响人们观念的重要因素，类似的组织群（政府、科学家、企业等）是影响技术风险认知的另一个关键因素。

在公众对不同技术潜在危险的态度的研究中，学者西格里斯特（Siegrist）证明，在技术和非技术风险认知中，对技术相关的组织信任的程度越高，对风险认知的信心越高。学者皮金（Pidgeon）也提出：人们对组织群的信任与否是决定公众认知和风险接受的决定因素。在大量的对于英国 GM 食品管理认知的定量研究之后，皮革恩发现相比较细化风险评估（例如，关于特殊的技术），人们的评价模型更多受到可评估判断的影响。他们也建议，如果简单地试图通过提供更多的信息给人们以增加信任——作为对风险的沟通和对风险管理的提升——可能会引起公众更强烈的关心。政府或者机构尝试提高人民对于技术风险的普遍信任度，以确保对技术的更大接受度，这个效果并不理想，除非也解决他们对于特殊风险问题的关心。对于普通的市民来讲，接受和使用一个新技术意味着相信和信任来自官方的确保那些技术是需要的、可行的和值得的，而且这些技术表明它们对用户无害或者对公众安全不构成威胁。在组织群之外的普通公众对于基本的科学和技术缺少必要的知识和理解，因此，人们对组织群的信任以及组织群和市民的沟通影响着人们的技术风险认知。因为人们通常判断是基于信任和实用——但是所有情况都是基于他们所处的社会情况和文化背景的，所以除了组织群，文化是影响技术风险认知的另一个主要原因。

社会作为最大的组织系统，按照科学社会学家默顿的观点，即使技术存在潜在危险，因为我们知道种种社会组织的价值、兴趣和联合之间的关系是典型的互惠性的相互作用，所以，人们在考虑新技术的时候总会根据自己所处的文化、价值等因素选择接受或者排斥。这些原因也有必要考虑到技术风险认知当中去，因为社会形塑人们的价值和规范，定义人们的喜好。

社会的文化多样性会影响人们对技术的亲密度，即使在相似的环境里，同样的一种技术也要适应不同的文化背景。笔者认为，影响技术风险认知的文化角度不能仅仅从宏观的社会文化角度来考虑，因为以往对于技术风险认知都被认为是透过各种社会、文化和政治的过程而被建构形成的，这种宏观的社会文化主要从社会个体的文化背景出发，基于个体长久以来的文化积淀而形成的技术风险认知。这种文化主要体现在人们的文化背景（包括性别、年龄、受教育程度等）、价值观（包括伦理道德观、理论和意识形态观念、社会价值观和美学价值观等）以及生活经验。

但是除此之外的另一种文化被忽略了，那就是技术本身所含的文化价值。法国人文主义技术哲学家和社会学家埃吕尔在《技术社会》和《技术系统》等著作中，提出了技术主要是一种文化现象的思想。他认为技术是一个有着自己的发展逻辑，并且不受人类控制的生命有机体。2005 年，美国已故小说家戴维·福斯特·华莱士曾在一所大学的毕业典礼上发表演讲，并讲了一个小故事作为他的演讲开场：两条年轻的鱼遇到一条老鱼，老鱼打招呼道：早上好，孩子们，这水怎么样？两条年轻的鱼没有回答，继续游了一会儿，终于，其中一条忍不住问另一条：什么是水？

技术文化类似于水，人们就像水里的鱼习惯了水一样，习惯了技术文化，每一种技术所含的文化都在技术使用过程中渗透到个体的认知当中，因此不容易被发现。这种技术文化比社会的宏观文化对技术风险认知的影响更为直接，例如，当发报机发明后，人们习惯用键盘敲击形成书稿，替代了以往的纸笔。这种习惯就对之后的以键盘书写模式为主的电脑、手机等新技术的普及奠定了文化基础。

无论如何深入人心地认为一个装置是安全的，风险是无可避免的，但总有技术会解决技术问题，且人类拥有足够时间去避免技术风险。[210]很多学者认为技术革新是解决技术风险的一个好方法。例如学者多米尼克·派斯特（Dominique Pestre）认为，技术风险“首先是隐藏在不受控制的技术发展过程中留给开发者和专家去评估的”[211]。查尔斯·佩罗（Charles Perrow）也认为，大多数的高技术风险系统都有一些特殊的特性使得事故即使正常，也是不可避免的。查尔斯教授从社会学的角度认为技术风险是一种组织风险，而且，这些组织是相互交织联系在一起的。即使我们有意识地抛弃特定的一个技术（因为其所存在的技术风险是显性的），那些我们不能抛弃的技术是因为我们已经为其建构了太多社会因素，正是因为如此，我们不能消除技术风险的原因是我们不能消除其所在的风险系统。现今的很多学者也认为，技术问题可以通过技术革新来解决，当然新技术也会有新的技术风险，但是技术风险也是检验技术的一个有效途径。

一方面，技术物的革新渐渐脱离了对自然物的依赖，新技术在以往技术知识体系上不断向前发展，技术风险伴随着技术革新会从旧技术传递到新技术中去。为了避免这种情况产生，技术哲学家特雷弗·克莱兹提出了本质安全化设计的理念。本质安全化设计是将原本对人们接受已存在的风险并利用系统管理该风险的方式转化为在技术设计过程中消除风险的方法。因此，设计者必须理解风险和潜在危险情况，并将有效的安全措施提前安放在设计当中。

另一方面，人们对技术风险的认知程度和把握程度逐渐提高也加速了技术革新的速度和进程，但是当今的技术风险的评估加入了越来越多的相关利益者，技术的相关利益者越发庞杂，按照这个趋势发展，技术评估过程可能会影响技术革新的速度和人们的技术风险认知的体系。技术革新的考量应该以技术专家为主，从技术革新的初期开始确定技术物所含的技术风险及其相关利益者，以避免过多的相关利益者群体参与导致的技术风险认知的负载。

地球的表面、气候、植物界、动物界以及人类本身都不断地变化，而且这一切都是由于人的活动……在这个时期中没有人的干预而发生的变化，实在是微乎其微的。相比较自然风险，技术风险的关键在于人的参与和技术的本质特征，这两点缺一不可。从人们的技术风险认知来讲，人们的技术风险认知是一个从内到外的过程，一旦人们的认知形成是很难改变的。再者，人们关心的程度由最相关到不相关递减，这样的技术风险认知体系就造成了学者们对于人们的技术认知过于关注，忽视了认知体系的整体性和相互联系。然而技术和社会、自然既是一个整体，又需要从相互联系的角度来研究，同理，技术风险认知也要从整体来把握。20 世纪末以来的技术风险研究专家从心理学、社会学、哲学等体系研究技术风险，对于技术风险认知的主题研究成为一种主流趋势，却忽视了技术的本质和特征。

2. 风险的传播机制与控制策略

技术的最初目的是提升人们适应环境和改造环境的能力，伴随着人类技术的增强，自然生态的改变超过了以往人们的心理预期，因此，技术不断改良更新的过程中人们更担心的是，技术的发展带来的是一个对人类对自然的毁灭结果。技术改造自然的能力越强，所带来的风险越大，因此很多学者更关注于那些大规模、影响巨大的技术，因为这些技术对自然和文化环境具有潜在的巨大社会影响力，所以制造者和高风险技术控制者面临着日益增长的消费者、特殊利益相关群体和广大公众的信息知晓和参与需求。对于风险传播的声音在 20 世纪 60 年代开始愈发甚嚣尘上。斯诺维克研究了风险认知领域的心理示范作用，他认为，目标是可以被评估的，这里涉及一些经验论的论述。第一，他认为风险的概念是针对不同个体而言，而且要将普通人和专家区分开。第二，风险认知除了取决于人们的直觉和经验思维以外，也会被情绪所影响。第三，当危险和利益被确定，人们对风险的认知会下降，同时，对利益的认知则会上升。第四，信任是影响风险认知和有关风险信息传播的重要因素，人们对所传播信息的信任度影响人们对专家的信任度，同样影响专家所推崇的技术。第五，人们愿意容忍并接受高风险的技术，前提是对这个技术的接受过程是自愿的、知晓或者熟悉的，而且看起来是可控的。学者维尔达夫斯基通过实验发现，个体对冒险行为和风险厌恶方面没有特殊的个体建构，在技术风险认知方面，不是对技术的认知导致人们担心技术所带来的风险，而是关于这种技术认知的信息可信度和相关人群有多大把握能管理好该技术。

斯诺维克也指出，技术风险可以被称为“社会的扩音器”——媒介所传播出去，人们在回应不同信息的时候容易自我强化技术的潜在风险。产品一旦被贴上风险属性的标签，事故、污染等负面事件在公众的技术风险认知方面也会因此被放大。

人们面对技术风险时候的经验往往是不足的，尤其是个人，个人对风险的判断往往依赖来自第三方的信息（媒介、专家、政府等）。因此，信息对于个人的风险认知是关键的，当面对技术风险的讨论时，缺少信息的个人只能根据个人仅有的经验站在一方或者另一方。这种参与性对于风险控制是没有实质性意义的，风险认知不是个人经验的产物，而是社会传播的结果。社会媒体的传播机制极容易放大人们的主观风险规避，而在技术风险传播方面主要来自传播理论中的守门人理论。该理论起源于社会心理学家库尔特·勒温建构的名词“守门人”，之后怀特（D. White）承继研究，延伸出守门人行为的观念，即新闻媒体在从消息来源获得大量资讯后经编辑筛选、删减的过程。至于资讯的选择规范则建立于“守门人”自身。人们在接受技术风险的讯息时往往根据自身经验，塑造可能形成的后果，当然与上文中提到的 4 种风险（risk，uncertainty，ignorance 和 indeterminacy）所带来的抵制方面大相径庭。“守门人”极有可能出现在三种“利益相关者”群体中：专家、政府和大众媒体。当人们感觉技术的使用会带来潜在的危害时，人们倾向于隐藏技术风险。然而，即使是很小的风险也会受到媒介的关注并大肆宣扬到公众群体中去，那些倾向于隐藏技术风险的人们就可以作为风险传播过程中那些“守门人”群体。因此，媒介不仅仅对人们的态度有塑形作用。因为媒体的自身属性，所以在技术风险认知方面媒体主要的是放大了人们的不安。

3. 技术的合理性语境重构

人们在建构技术认知时，往往脱离逻辑而基于自己的经验判断。另外，在绝大多数情况下，技术风险认知往往从单语境中形成，例如，“汽车自燃了”，在该语句中人们只知道发生了事件，却不知道该事件与主体的关联程度和危害程度。因此体现在认知层面上的影响是相对微弱的，当把该句换一个描述，更改为“在这一个月内，附近小区的汽车都自燃了”，那么认知主体就会把“汽车”作为危险技术物列入到认知中，主观增加此技术的危险程度。从这一点上来说，避邻效应体现在认知上的基础往往也因为复杂符号的使用不仅带来技术在认知主体的心理地位提升，技术风险也会因为描述符号的增加而带来更多的可信度和恐惧感。

另外，即使人们从感觉出发，对于技术风险所带来的收益充满信心，但是，技术风险是在特定时间发生在特定群体的技术负面效应。因此，技术风险会成为组成特定群体技术风险认知的原始命题，他们认为，该技术是危险的，因为技术风险确实存在，我们不能否认这种原始命题的真理性。但是拥有原始命题的这群人为了避免该技术传播（即使技术本身所带来的收益的确存在）出去，他们会夸大技术风险的后果，甚至回避技术所带来的利益等人为地干预技术描述的语境增加了认知主体的风险环境。

哈贝马斯强调现代技术的发展所带来的危机是理性危机，而这种危机不仅存在于政治和经济中，也存在于以语言为媒介的文化系统中。他认为理性“将自然和他者连同主体自身变成‘能够计算’的东西”[212]。这种相联即从语言到物的一种相联。他认为人的行为可以分为目的行为、戏剧行为、规范行为和交往行为。这四种行为有其各自对应的理性，前三种行为没有将合理性的所有特征需求包含在内，只有在交往行为中，语言既承担认知任务，也满足表达的要求。可见，在哈贝马斯看来，语言功能的实现是完成社会合理性的必要条件。换句话说，语言有对认知的架构、对思维的表达和对不同意见的缓解等功能。因此，增加合理性语言可以降低认知主体对技术风险的无端恐慌。

当人们面对技术时，是应该先了解技术，还是先认识技术的社会效果？在这个问题上，技术哲学出现了两种不同观点，一种是皮特·克洛斯（P. Kroes）和梅耶斯（A. Meijers）所持的“关于技术的哲学分析应该基于可靠的、充分的关于技术的经验描述和技术应用的效果”[213]；另一种是皮特（Pitt）强调的技术哲学首要关注的应该是技术本身而非技术应用所带来的后果。我们认为，在技术风险的研究中既要考虑技术本身属性在转译过程中的合理性表征，又要把对技术后果的描述性符号进行合理性语言重构。

三、技术的主体化演变与技术风险认知的博弈

生存不仅仅是我们的直觉，也是我们的自然本能，自然地，我们想要抑制威胁我们的一切事物。虽然人-技共生在当代尚未实现，但技术的发展逐步缩短技术与人的差距而走向切近。不难看到的是，人类的技术风险认知会逐渐消失在人类和技术两个主体融合的过程中。弗朗希克斯·奥斯维克（Fançois Osiurak）认为技术发展的三阶段表明，未来技术在去除了物质属性和时空的限制之后将实现人-技共生，然而他担忧的是在人类和机器变成共生系统的未来旅途中首要面临的就是接受问题，即我们能否接受人-机系统。也就是技术风险认知所需要考量的最终三个要素：物质属性、价值和伦理。从技术的认识论角度来考虑作为“他者”的技术，物质属性和价值是人类认识并接受技术的基础。除此之外，情感功能的短缺造成技术在伦理建构中和人类形成明显的伦理间性也是形成技术与人类二元论的深层原因。因此，物质属性、价值和伦理间性成为横亘在人-技共生之间的三层束缚。当技术冲破这三重牢笼走向技术主体化时，人类的技术风险认知也将随之消弭。下面，我们将从技术的主体化角度来解析这一过程。

1. 技术主体化过程

技术的发展正在改变以往主客体形成的二元关系，并且在技术发展过程中逐步走近人类从他者变为自我的一部分。这一点体现在当代的人类观念中，技术不仅增强了人类改造自然的能力，更是人类社会能力的体现以及对生产价值的认可，因此有人断定“我们很难想象人类离开了技术、动物失去了本能将会出现怎样一种情形”[6]。这种技术认知反映了人类与技术在历史进程中角色发展的深刻变革。

拉图尔与海德格尔敏感地认识到人类与技术关系的变化。海德格尔把物性从物的存在发散到四重整体的纯一性中以达到切近的目的，他对于物的追问源于对现代科学技术的悲观主义理解。为此他把现代技术的本质描述为持存物——一种对周遭环境的控制、利用和加工。他对于人-技关系的理解虽然把人类比作持存物从而推翻了

主奴关系，却依然保留了人与技术的明确界限。然而对于拉图尔来说，海德格尔这种精致的物性理解却依然没有脱离自康德以来二分观念的困束："海德格尔的错误不在于把那把壶分析得太精彩，而是勾画出一个充满了冷酷偏见的并没多少合理性的二分法"[214]。为此，拉图尔提出的准客体概念提供了人类与技术共生的理论意义，并开启了人-技关系新时代。

从"他者"发展为拉图尔所讲的准客体的过程是技术被人类所接受并内化的认知体现，为此技术必须突破主奴关系所限定的三层束缚：首先是物质属性，即人类对自我之外的物质观感的认识基础；其次是价值，即人类对存在物的肯定，同时是人类作为主体接受一切外物的判断因素；最后是情感和逻辑、自然属性与社会建构的综合体——伦理。这三个方面既是人类体认主体地位的方式，也是技术在前工业阶段及工业阶段的存在基础，然而这三者却是技术作为客体与主体融摄的三层囹圄。

技术是人类改造自然、创造人工物的方法与活动的总称，技术依存于其自然物性（物质属性），这一点在技术哲学的研究史上被大多数技术哲学家们所认同。例如，卡普指出："所有的技术项目只有在与物理定律相一致的范围内才能实现"[215]7。正是因为技术的物质属性的限制，卡普将技术称为自然之外的第二自然，以区别技术、人类和自然的关系。在这一点上，贝尔纳·斯蒂格勒把技术物的存在意义架构在人类和自然之间，因此他说："技术物体自身不具备任何赋予其活力的因果性……技术物体没有任何自身的动力"[216]。在斯蒂格勒看来，技术物和人类、技术物和自然之间的基本关系即二元关系，因此物性是人类观照他者的主要依据。

价值体现在人们对事物的描述及因此而带来的收获，技术价值是基于不同认知架构的主体的意向性和技术物性的渗透程度。一方面，随着技术的发展，复杂技术的出现使得"技术"部分转化为"知识"而存在于主体意识里，同时，技术的线性逻辑从"可能""应该"等语法当中抽离出可佐证主体意识的相关证据，证明技术价值的必要性；另一方面，人们的意向性在当代仍然对技术价值的判断占主导，尤其是在意义无法确定的情况下，人类的态度和情感成为关键因素。卢卡奇将人类意向性的驱动力直指物化结构，因此当人类处于一个经验模态无法预知的世界之中时，经验和逻辑就变得不可靠，那么我们对意义的价值判断就无法顺从伦理，而是情感，这样就解释了为什么不同主体对客体的颖悟并不相同导致的价值偏差。

人类和外界的关系经过了前主体到主体的一系列范式转换，由胡塞尔提出的主体间性弥补了主体性哲学以来二元论存在的主体至上的伦理困境。客体不再作为主体的奴仆被征服、改造，而是作为交互主体和主体共在。但是协同进化的主客体间又隐现了新的问题：随着未来技术的人-技共生的到来，人-技的关系虽然冲破了物质属性和价值的限制达到了肉体和机械的统一，但是由逻辑算法组成的技术无法背离二元数理逻辑的束缚而与复杂情感的人类伦理融洽，造成了客体的伦理构造缺失时主客体无法实现伦理一致性而产生主客体之间的伦理间性。在此特别要说明的是，从进化心理学角度来看，伦理是人类在自然选择体系下对他者的情感联系，并基于社会系统对他人权利和义务的认可。换而言之，伦理是“他者”地位的重要体现。而反观人类和技术的发展史，每一次技术的物性、价值和伦理的改变都体现出人-技关系之间隔阂的剥离。

（1）技术的物性渗透。

自古希腊时期以来，“techne”（技术）一词逐渐等同于物质“physis”，因为技术取代了物质的意义和功能，这意味着与物质相关的任何技术已经通过技术参数实现了物性的转换。奥斯维克所划分的技术发展三阶段展现了人类与技术的关系从单向到双向，从主体到准客体的变化图景：在物理技术阶段，人-技是典型的二元关系，人类掌控着技术，技术则囹圄在自然属性的限制中；在复杂技术阶段，技术成为技术知识内化在人类使用技术的前阶段，人类所具有的技术能力主要体现在技术知识的掌握程度上；在未来技术阶段，技术掌控了实际的社会能力，人类对技术的作用和影响越来越微弱。

在复杂阶段，技术正经历着从可见到非可见的物性消失过程而转化为技术知识内化到人类意识中，技术“把它们编制到日常生活中直至消失不见”[217]。因此技术无所不在，却又无处可见。戈菲认为技术不仅包括使用的物品，还包括技术知识和技术文化。从物品到技术知识的发展历程是如此的平滑，以至于人类在没有发觉的情况下技术完成了从物理阶段到复杂阶段的进程，“这个自工业革命以来的、与材料的革新并行的过程使得构成建筑的材料不断地变纤细，变轻柔，变透明，甚至变成一种只同感官相关的信息介质。材料离山川草木越来越远，而与信息和符号的交换及传播日渐靠近”[218]。这些种种的变化证明物性随着人类的需要而改变其状态和存在方式。技术与人的相协调达到目标的同时，物性的转译改变了纯粹的“人”。按照拉图尔的理解，纯化是一种分割，转译是一种联系，现代的技术革命正在抛弃前一种行为方式，转译不同的符号以达到人类与技术能同步理解的能力。技术哲学家埃吕尔指出，人类和技术二元关系存在技术物性渗透的可能。他认为，“技术（technique）必定把人变成技术动物，即技术奴隶的首领，在面对技术的自主性时不会有人的自主性，个人不得不被技术塑造，或消极地（通过理解人的技术）塑造，或被积极地（通过使人适应技术框架）塑造”[219]13。

那么物性是如何消失并弥散在人-技共同体中的呢？我们上文提到，自海德格尔以来的技术哲学家们把主客体二元论一直作为描述人类和技术关系的主要方式，直到拉图尔的准客体概念打破了主客体的天然质壁。为此他引用了萨尔的准客体概念作为主体和客体缓冲地带，如果说海德格尔认为物性是无法在技术的物理阶段和复杂阶段达到切近的根本障碍的话，那么拉图尔所设置的缓冲地带则消解了这个障碍使得准客体既有物性，也有人性。好比河流和城市之间的道路，道路上时有河流溅射出来的水花滋养的植物，时有被飞驰而过的车轮扫在路边的石子，道路无法保持纯一性，直至中间王国出现。当社会中的主体和客体不再依托彼此而具有能动性时，准客体便以新的存在方式建构在拉图尔的行动者网络中，同时，自然、语言、存在和社会集合了行动者所创造的自我意义的圭臬。

主体的主观认知在准客体的形成过程中发挥了关键作用。柏拉图把意识和现象的关系设定为原型（第一性）和摹本（第二性），原型要高于摹本。可见，意识在现象之上，因此有认知的主体和他者的地位关系是主体占据主动。而哲学家伽达默尔则从绘画和主体中推演出另一种主体和他者的关系，打破了柏拉图现象学中主体中心主义，“原来认为是附属的东西现在起了主导的作用”[220]。当物被理解的时候，自我的意义就从他者的身上得到了统一，也就是说，任何对于他者的理解都建立在自我对他者的前理解（vorverstandnis）基础上。海德格尔在《存在与时间》中提道：“任何解释一开始就必须有这种先入之见”[221]，即暗示了在认识物之前的物性渗透的必然性。

人类对技术的理解是从对技术的描述语言开始，而语言是人类对“自我”范围理解的主要方式。维特根斯坦把语言问题分析为两个方面：符号和几何图形。在《逻辑哲学论》中他“把语言的语句比作几何学上的投影”[222]。数学理论成为建构语言的一种方式，作为意识的实体化，符号成为既有载体，具有通达性、规律性、逻辑性和自主性，语言是意识的外在表现，所以严格来说人类内心活动的多元化需要语言兼具逻辑和情感二重属性，可怕的是如果技术语言的发展隐藏了情感，人类意识就不再被人类自主掌控。正如海德格尔所说：“我们认为人类行为是语言的塑造者和引导者，然而事实上语言仍然是人类的引导者。”[223]因此，物性改变不仅体现在技术复杂阶段技术转化为知识以隐藏其自然实体，更体现在语言的意识建构作用，而这一点则更容易涉及技术价值的判断和伦理问题。

（2）从客体到价值客体。

价值是客体属性和主体需要之间的一种关系。复杂技术的重要特征是设计者促进了技术与人的相互作用。物理技术只需要人们的使用技术的意向参与，而到了复杂技术时期，基本的认知处理过程，例如学习、记忆处理以及情绪识别就参与进来，于是当技术冲破了他者的意义边界之后，会在主体和客体之间设定了符合形式逻辑的行动框架，也就是说随着主客体的消亡，物性内化到人类认知中的同时改变了物的价值，从而完成从客体到价值客体的蜕变，拉姆西称这个过程为客体主体化。

客体之所以可以主体化，是因为客体在主体身上实现了映现自身、确证自身和实现自身。在主体看来，客体的改造是一种完善和发展，从而实现了二者的可通约性，在这个目的的指引下，主体的意向性成为决定技术价值的关键。然而人类的意向性是认知经验的产物，按照西蒙东对人和机器的理解，人类的具身体验会内化为记忆并影响下一次的选择行为，“一件事情发生后另外一件事情也会发生……知识是我们心中的一种期待”[224]。也就是说，人类的认知体现出历时性的时间指称，那么在认知发展的时间段里是什么影响着意向性呢？康德在纯粹理性批判里提出了十二个知性范畴，并认为人类的认知过程就是在这十二个知性范畴里组合成图式，经过经验的筛选形成概念。这里康德把认知的产生分为两个主体能力，即“接受表象的能力”[225]和“认识对象的能力”。在此，认识对象的能力表现在对经验的参悟和意向性期待，经验的参悟代表着理性分解事实的过程，意向性期待则暗含了人类情感对不同事物的颖悟差异。

然而，技术正是迎合了人类意向性的存在。神经科学的研究发现，人类的意向性是一种预知编码模型，大脑会持续地产生和更新假说，来预测感官系统所输入的不同层次的抽象概念。这些概念又反过来影响人们形成情感的感觉体验，这样便形成了一种意向性和情感相互指涉关系。布伦坦诺就坦言意向行为是一种情感表征。至此，我们可以知道技术需要通过人类情感达到自身价值的增长，事实上当代技术也正在朝这个方向迈进。劝导技术研究方面的学者佛格（Fogg）认为，计算机技术是一种基于人类意向性的劝导技术，因此，他指出：“劝导的实现需要人类或者机器的意向性”[226]。而细心的人会发现，技术的优越性体现在某些方面更容易满足人类情感需求，“技术是极具诱惑力的，因为它能弥补人性中脆弱的一面，而我们的确是非常脆弱、敏感的物种”[227]7。技术延伸了人与人之间的精神距离，不仅如此，我们似乎不能忽视人类可能就是数字的集合体，有大数据支持的人工智能比人类更了解自己。在一种反馈式和集合式的运算基础之上的技术和人类的关系早已嬗变甚至达到了融摄。融入了技术的自我此在仍然是情感的自我，却可以脱离时空的限制而在虚拟中体现，更可怕的是技术的功能实现漠化了人类和生物之间的情感。《群体性孤独》里有这么一段话发人深省：

丽贝卡仔细地观察着这只海龟，若有所思，过了一会儿，她一本正经地说："他们完全可以用一只机器龟的！"我大吃一惊，问她什么意思。她说，如果海龟只是在博物馆里无所事事、一动不动的话，完全没有必要费尽千辛万苦，把它从太平洋的小岛运到纽约。她十分同情这只海龟过着监禁一般的生活，却对它的真实性无动于衷[227]15。

特克尔认为，技术可以模拟出真实的动物甚至真实的事件。在这种仿真文化里人类容易迷失自我："就像维多利亚时期的人如何看待性爱一样——是危险的、令人困扰的，是禁忌，也是魅力"[227]42。人类和所处环境共同组成了"自我"，正如奥特佳在解释自我的时候所认为的那样，主体和环境是归合的整体。从这个观点出发，处在技术环境中的人类自我不再具有纯粹的人本特性，当情感改变了自我和他者相互指涉的方式，是一种存在论意义上"我"和"非我"的此在（dasein）。

2. 技术伦理是技术风险认知的基础

判断与技术相关的事实并不指完全的、绝对的客观事实，而是与物质相关的自明事件，例如伦理主观主义者宣称在伦理问题上存在着与心灵无关的事实，因此对客观世界的判断有时存在主观意愿之外的结论，这就是我们的情感所赋予的自然属性，也是人类技术风险认知的重要组成。当人类与技术的发展史相互叠加，我们发现，技术伦理的发展过程正是我们在技术风险认知的观念建构过程，也是在过去成为人类社会进步和未来成为抵制技术主体化的唯一原因。

无论是价值论或是义务论的观点中，人类对于伦理的探讨始终把重心放在一个问题上，即什么是"善"，善就是我们认为对的东西，规范伦理学认为"'善'是'应当'的延伸物"[228]。另外，史蒂文森和维特根斯坦等情感主义学者主张否定伦理学的科学地位而用道德来替代，情感主义认为情感和理性应该在适度的情况下达到平衡，"善、正当、应当等道德辞就像我们对颜色一样，只能直接地去感知它"[219]89。当人类对善的理解延伸到技术使用方面时，普遍的方式仍然是对人类自我的约束，例如亚里士多德对人类的技术活动提出了德行的要求，他认为："人类所有活动，包括技术活动，都抱有某种目的，即人们视作善的东西，实现这些目的也就意味着去达到幸福，而善或幸福也就是合于人的德行的现实活动。”[219]56 在严格的义务论看来，特定的伦理执行标准绝不会被打破，而基于行动的功利主义者评价使用技术过程的伦理标准是测试该行为的结果是否符合特定目标——人类幸福或者福祉。从这些研究中我们可以看到，技术伦理的情感参与不可或缺，这也是当今技术伦理发展不可避免的矛盾问题。

当代技术伦理的建构是从人类伦理角度对技术制造、使用和处理的行为警示，这是伦理从外部环境进行的内化过程，因此从未实现伦理内部建构起来的既符合逻辑规律，又承载人类情感的综合体现。从结构论的角度来讲，伦理是一种耗散结构体系，伦理结构可能会随着熵值的改变而处于亚稳定状态。当伦理发生变化时，人类情感和理性的相互指涉和修造避免了人类伦理的曲解。技术伦理也如此，在探讨技术负面价值时，卡普认为，“如果根据实际情况和可以看到的结果来判断，技术活动绝不是中立的。人们在注意预期的结果时总会忽视某些副作用……然而技术并不是独立于物理过程和个人及社会生活的自我封闭的事物。”[215]89

技术伦理在以往的研究中基于其物理属性，例如默顿的《十七世纪英格兰的科学技术与社会》从社会学角度思考机械伦理，雅克·蒂洛从人的生命尊严角度考量医学技术的伦理等。然而随着技术发展，从 20 世纪开始或者更早以前，技术的隐形化变成了技术发展的趋势，基于物理属性的技术伦理变得越来越难以规约，例如“生物技术和信息技术会让我们有能力操纵人体内部的世界、重塑自我”[229]。正是这个原因，技术伦理学者们将目光转向了设计和制造等技术生命的始端，以更好规约的人类责任作为技术伦理的中心议题，形成道德物化、负责任创新等理论。虽然当代研究者们希望通过对技术设计阶段的伦理定责实现从结果回溯到原因的逆向因果论，从而建立新的技术伦理框架，然而，技术伦理的内在问题仍然没有解决，即技术伦理的逻辑是什么？技术伦理逻辑和人类伦理逻辑之间存在怎样的伦理间性？这一点延承了近代西方哲学发展而来的逻各斯中心主义。

逻各斯源于希腊语“λόγος”（logos），逻各斯被西方哲学推崇达到了理性的“至善”——既有言语的外在功能，也有规律、本质的内在彰显，是一种全面化的逻辑本体，“设置一个凭借独立的人类思想，即逻各斯的力量建立起来的观念世界”[230]。格思里在《希腊哲学史》中将逻各斯解释为理性的能力，繁荣的古希腊哲学即在此基础上发展而成。在逻各斯主义的历史背景下，人类对逻辑的地位尊崇备至，甚至达到了人类最理想的状态就是像机器一样的地步。这种认知观念推波助澜地从人类潜意识中推动了当代人工智能的发展，这种认知虽然受到了解构主义的批判，但是仍然不能阻挡计算机技术的前进步伐。

现代逻辑学的先驱乔治·布尔的逻辑学思想是当今计算机产生的基础。布尔在 1854 年创建的二值逻辑和二进制共同构建了计算机的演算逻辑，“对于尚在诞生的电子计算机科学都揭示了崭新的可能性”[231]。二值逻辑是把所有命题归结进排中律从而实现 A 和非 A 两种结论，在当今的计算机逻辑中，无论是形式逻辑还是符号逻辑都排除了或然性而确保“质”的稳定。正是这种严密而相对简单的逻辑体系造就了计算机及其相关技术的可靠性。

单纯从计算力和判断力来讲，人工智能确实已经远远超过了人类。行为科学家认为，人类智力的局限性是影响人类判断技术风险，导致社会冲突和引起技术活动争端的主要原因。也就是说 20 世纪初技术风险认知研究领域中已经萌发了超人类主义思想的端倪。1936 年图灵发表的《论可计算数及其在判定问题上的应用》不仅是人工智能新时代的标志，更体现了图灵对人工智能未来的担忧：“人类心智活动不可能超越任何机械程序”[232]。即便如此，人工智能的模拟进程仍然无法完美和人类共一，这是因为人类本身所存在的理性和情感之间的间隙——心脑问题，如果将主体换做人类和人工智能，就是逻辑思维和心灵情感之间的矛盾，也是当代逻各斯中心主义所面临的伦理学困境。哥德尔认为，心脑无法同一是因为“根本没有足够的大脑神经元来实现心的复杂的运作”[232]，也就是说人类情感所能触发的神经元活动远比逻辑计算要多出许多。情感的复杂性使得人们无法用理性逻辑来衡量，这也就是为什么学者们否认情感的可计算主义的原因，然而未来技术的目标是实现机-脑连接，即将大脑活动（思想）转换为机器可以识别的命令。为了实现这个目标，在未来技术中会实现“大脑活动通过传感器捕获、预处理、分配给人工系统通过自适应算法执行相应的动作，从而利用该算法学习区分记录在大脑信号中的类别”[233]。当机脑相连，伦理的困境便从情感和理性具象化的二元对立中显现出来：技术伦理的需求体现在当今技术的发展和伦理发展的一致性，如果未来技术的特征是消除了时间的限制，那么伦理是无法跟上技术发展的脚步的。技术的发展不仅增加了用户和设计者的距离，也增加了人-技共生体在处理伦理问题方面的距离。如果技术指令脱离了人类的意向性，那么人-技共同体的行为会尊崇谁的指令呢？在物理技术和复杂技术时期，人类的大脑是指令端，身体动作完成了传达之后运用技术形成完整的动作，因此在这个过程中从大脑到手臂的指令传达所需要的时间有充足的可能用来调整指令避免伦理问题的发生，但是在未来虽然机脑互联实现了信息传输速度飞跃，同时削弱了行为纠错和德行思量的能力。在这一点上最大的问题就是，当面临情感和理性的选择时，人-技共同体所面临的反思均衡困境。

“在猎人与猎物四目相对的紧张时刻，猎人感到动物的存在浸没了他；他感到自己的存在似乎与动物的存在水乳交融——这种感觉相当于人和人之间的爱情或者性爱”[234]。生物之间的情感联系是一种输出和反馈的作用机制，人类继承了这种交流方式并且在几万年的演化过程中使其完整延续下来，例如，失声的小孩通过眼睛传达的悲伤，许久未见的亲人在车站远远地相望所传达的喜悦等。虽然目前国际上在人工智能的研究中已经通过模仿人类的这种情感机制来增加人工智能的情感部件，但是在伦理上，只有人类会经历情感和理性之间的矛盾情形。技术的存在有时却让人们在自我和他者之间感受不到情感的反馈而受制于技术的诱惑。在猎人和鹿对视的时候，技术给予猎人达到目的的心理暗示是猎杀鹿以获取食物，而在利益与情感之间权衡体现了人类独有的理性和人性之间的反思平衡。

当代技术的拟人化研究可以分为三个大致方向：情感设计、深度学习和肢体模拟，这三个方向几乎涵盖了人类作为高级智能生物所具备的所有功能。从物理技术到复杂技术的发展实现了技术物性渗透到人类认知的过程，而人类社会的飞跃是人类和技术的共同结果。因此，技术从可用之物变成了不可或缺之物。唐·伊德认为，新技术的发展给人们带来了新的选择，同时剥夺了技术产生前人们拥有的部分权利："我们可以认为技术不仅可以给我们认识世界的新视角，也可以隐藏事实。技术不仅创造选择，也改变现有选择"[235]。选择的增多带来两个结果：其一，人类能力的增强改变对客体的看法，就是物性转化到人性的过程；其二，技术成为社会权利的表现方式，从而体现技术的社会价值。物的价值增长是人类现代性的要求，"现代文化的智识化（intellectualization）特征，那种追求效率的工具理性在社会生活中得到了广泛的应用"[236]。正是因为工具理性成为衡量现代性的标准，物的价值在其严密的逻辑下变得更加符合后人类主义的要求。

从技术的发展历史来看，从物理技术到复杂技术所经历的时间逐渐缩短，技术的物性转化和价值增长的速度远远超过技术伦理的发展，伦理间性的形成过程超乎人类想象。更进一步说，技术伦理的建构始终无法超越其鲜明的逻各斯中心主义传统而达到与人类情感的切近，伦理是历史建构的产物，也是人类意识涌现的结果。在这一方面，机器反馈大大有别于人类反思，当我们尊崇一个伦理规范，例如，人不能剥夺其他生物的生存权利，就会产生生存需要和边缘需要之间的伦理博弈，在边缘需要战胜生存需要所体现出来的情感之义是人工智能无法获得的。而我们把这种区别于所限定规范外的情况称为情感，并将这些和其他动物的本能归因在一起。

维特根斯坦认为语言与外部世界的一一对应，而世界是一个相当于图灵机的计算系统的数字本体论，实在的最终本质是数字。维特根斯坦这番论断表述了人类认知和外部世界的联系即是构成人工智能的数字，也就是说，人类的认知也是数字构成，那么我们和技术在智能方面已经不远。这就是为什么在最后我们有必要知道伦理间性成为技术切近的最后关隘。

哲学的任务是解释人类是什么。曾几何时，解释人类的任务转交给了技术，因为技术改变了人类的存在方式，例如，在医学上，改变基因组实现人的肌理功能；在传统机械上，通过机械肢体实现人类运动功能的飞跃；这些现象都指向了人类未来的愿景——技术与人类的共生。我们美其名曰：后人类，然而，人类能否依然掌控自己却无法下定论。

图灵、霍金、尼尔·波兹曼、哈贝马斯在不同的场合不同的时间点上都曾警示人类在技术的发展道路上要时刻保持谨慎。我们提高了感知能力和记忆能力，扩展了我们的寿命甚至欲通过冷冻身体、大脑实现转生，未来在基因技术发展的某一天将实现永生。当我们得到了这么多，又会失去什么呢？人类的欲望是人类社会化的动力，这些欲望让人类在社会中不断奋斗以取得更多的利益和满足自我，而当机器人代替了人类在社会中的位置的时候，他们的目的又是什么？技术是增强人类还是替代人类？人机交互理论先驱道格拉斯·恩格尔巴特坚信，计算机可以被用来加强或扩展人类的能力，而不是模仿或取代这些能力。然而事实真的如此吗？我们对人类的定义并非亘古不变：马克思说，使用工具是人类诞生的标志；现代情感主义则主张情感是人类区别其他物种的基本原因；而伦理学更是将人类的道德观念和行为凸显出来以作为人类和其他物种的区别所在。种种迹象表明，“人类”的定义随着科技的发展而潜移默化地发生着变化，我们所研究的技术风险认知应该更深刻地思考人类与技术未来的相处模式和关系。

第七章

结　论

在包括道格拉斯、维达维斯和韦恩等主体论者的视角下，风险的存在并没有表现出物质世界的客观事实，风险的社会建构论也否认技术风险与自然的关系，因此我们可以看到技术风险认知的研究具有明显的二元论色彩。正是由于这个原因，无论是20世纪80年代兴盛的社会学视角，还是之后的心理学视角，都无法彻底解决技术风险认知问题。于是，当代的技术风险认知在沉寂了数载之后，随着技术的多元化、技术作用的历时化，又重新走进了学者的视野中，从而产生了对技术风险认知研究的哲理性思考。这也是我们所期望看到的趋势，于是本书从语言学、媒介生态学、认知心理学和技术哲学等学科的交叉研究中得出以下结论。

第一节　公众的风险认知机制与媒介环境调节

技术风险认知是技术社会化常常被忽视的部分，对技术风险认知的分析不能仅限于促进技术主体的接受或增加接受度，还应该对技术创新、技术语境等外因综合理解、调控技术风险认知的环境。尤其在人们认识技术的条件中，符号的使用是最为关键的部分，符号产生了人们的意识，于是在人们面对技术风险时，无论是在意识、潜意识和无意识状态下，符号都无时无刻地建构、修造人们的认知架构。自海德格尔、萨特以来所引起的语言学转向证实了语言、符号对人类存在的重要建构作用。

然而，作为技术风险认知主体的公众来讲，为了简化风险问题，公众往往避开许多推理或判断规则，从信息中直接对事件下结论。

因此，对于形成公众的技术风险认知来讲存在两个最重要的因素：一是信息的可用性，即易于想象或回忆的情况下更频繁地判断事件的倾向；二是代表性，或者人们倾向于认为大致相似的活动和事件（如核电技术和核战争）具有相同的特征和风险。这些判断操作一方面使人们能够将困难的概率和评估任务减少为更简单的任务；另一方面也会导致严重和系统的偏见和错误。因此在社会中，大多数技术的成功推广离不开技术开发者和媒介协同配合，然而在决策者看来，只有“明智的建议”对政治决策者是有价值的。风险社会的特征是人们对风险的高度认知。因此，风险社会的研究专注于了解并控制该风险，而专家和公众对于风险特征和管控的认知鸿沟导致公众的风险认知与实际的技术风险无法同步。专家的技术风险认知更加关注风险的可能性和危害的纵深度，而不是风险的定性特征（新近风险、自发性风险等）。而从本书中我们了解到公众的情感、直觉等非理性因素日益成为认识技术风险的重要权重，这种非理性的技术风险认知成为人们抵制技术创新的根本原因，而究其问题的所在，就是公众的风险心理与媒介环境的共同作用。在一个有争议的政治问题背景下，当相关的技术分析模棱两可时，那么科学建议的价值就上升为主要价值，公众的利益和思想被边缘化。技术上的争论有时会造成混乱，以至于科学咨询对决策者和社会来说更多的是一种成本，而不是一种利益。

媒介生态学关注的正是媒介在社会文化中所扮演的角色以及如何使媒介有利于社会的良性发展。同样，我们也应该关注处于媒介中的主体是如何影响媒介技术的，这个主体不能局限于组织、个人，也包括了传播者和传播过程的参与。人类与技术的关系，准确地说不是技术在塑形文化，而是发生在特定媒介中的传播。笔者相信，媒介生态将在未来的技术风险认知研究中扮演更为重要的角色，促进技术风险认知主体的内部心理控制机制和外部语境达到协调统一。

第二节 风险内化与技术异化

在本书中我们尝试将技术风险认知的研究扩展到哲学思索的领域，以人-技关系的变化作为研究契机，虽然本书即将行文至此，但并不意味着我们对该问题的思考就此停止。技术风险认知的环境嬗变是不可逆转的事实，人们的世界观的改变通过意图得以实现，并以实践性方案达到技术行为，在人与技术的相互作用中存在着一种最具代表的认知因素——技术意图。技术意图是人类技术行为的指导方式，我们可以用技术手段来创造其他技术物或者用复杂的技术物将我们的动能转化为其他机械能。当代的神经心理学和认知神经学的实验表明，只有人类才具有显著的技术意图，这是否意味着技术的异化也是人类的异化呢？这个问题也是我们在本书中想要通过人-技关系阐明的问题。

凯文·沃尔维克（Kevin Warwick）以人类意图为出发点提出了“技术人”的概念：技术人（homo technologicus）是生物和技术亲密合作的共生体。“它”并不是简单的人类与技术的合成，而是人类在原始身体元素上的技术增益并使之成为一个崭新的进化单元，在一个新环境中进行着新的演化。我们并不能武断地按照某些人的观点将当代使用技术的所有人都称为技术人或赛博格，因为基于治疗目的的技术行为不能纳入人类于技术的共生范畴。因此，在技术人的定义上涉及了伦理、价值等相关问题。

技术生命与自然生命的形式“共生”并不能解决二者根深蒂固的价值观与伦理体系的差异，这仅仅是将技术风险和社会风险的内化。凯文指出，技术人无法理解人类终将导致人类被边缘化甚至消灭。当人类所生存的环境，无论是自然或是社会，完全从技术视角下建构和认知，那么自然和社会本身就设计在明显的技术所设定的价值系统里。这种技术的异化表现隐藏在人类排斥自我的自然属性和社会产生以来的基本欲望之下。如果说人们的实践活动让技术的发展朝着自动化和智能化方向前进，那么是我们自愿让技术内化到我们的认知和意识中，这种例子不胜枚举，例如我们的基本认知处理过程，包括学习、记忆和运算都早已交给了人工智能和大数据。贝尔纳·斯蒂格勒认为，技术与人类固有的“缺陷存在”和“代具性”相关，技术就是人本身，技术的当前状态，就是人的当前状态[78]。技术实践的目的不在技术物本身，而在使用者的意向。同理，技术风险的产生并不是出于技术本身，而是出于技术使用的意图。

“思考”是由人类大脑执行的对符号输入/输出或计算的过程。基于这种计算思维理论，工具可以无缝地集成到我们的思维方式中。智能设备在模拟人类思考方式时，通常来讲对我们的认知而言就像大脑的突触一样重要，而庞杂的个人数据所带有的独特性使数据不仅是一个普遍性概念，同样具有特殊性与独具性。而技术增强我们的认知能力，存储和释放内部资源来扩大、扩展我们的思想。因此，增强技术的过程就是人类本身蜕变的过程，也是超人类主义者所向往的进化过程。

洛克和笛卡儿认为，虽然人类的灵魂被锁在肉体中，但是我们的思想存在于一个他人无法进入的非物质世界中。认知科学领域的许多研究人员仍然坚持这种笛卡儿式的概念，只是当代人类意识的私人领域与大脑活动可以被技术所保护和维持。这种代具性体现了技术人存在的合理方式，然而这种似乎简单的保护机制（例如数据存储）无时无刻地将人类的认知领域转接到技术领域。如此一来，技术生命与人类生命同化合一，技术成为认知延展的生命体而非工具或者财产，借助技术体系下人类认知的扩展，技术更改了传统观念中人对自我的定义，无法直面技术的物性与价值的转变将不可避免地将人类引向技术乌托邦思想的领地。只有在技术完全控制人-技关系之前人类掌握主动，才能在人技的协同进化中保存人类最基本的自我意义。可以说，技术的变化带来了风险的内化，而这种发展需要我们警惕，需要我们在技术风险认知的研究中时刻保持与技术的发展同步。

第三节 技术风险认知的哲学在场

正如本书开篇时梳理的技术风险认知研究的历史脉络，风险研究的重点从自然转向技术的发展过程证明人类对技术的重视。然而我们在本书中开始对“风险”的建构提出疑问，因为风险认知研究，尤其是技术风险认知研究充满了人类中心主义思想。这个思想无疑是可怕的。正如我们在本书中人与自然、技术关系的嬗变时论述的，人类的行为如果说所带来的是风险，那么造成风险的原因并不仅仅是人类本身，或者是技术本身。

技术风险认知研究经历了数十载的理论发展，丰富的心理学研究和社会学研究所遇到的瓶颈正是我们在本书中想要引发的哲学转向——这种对技术和自然的认识论如何隐藏在技术风险的表象之下，又如何塑造人类的技术风险认知，更如何改变人类社会、自身的历史走向，这些问题随着技术和人类的协同进化的脚步加快，正在威胁着人类和人类所存在的环境。

阿姆斯特朗迈出人类登月的第一步时未曾预想到几十年的航空技术发展所造成的太空垃圾成为人类的“风险”；计算机之父图灵害怕的并不是人类在计算机领域的技术争斗，而是计算机在未来会超越人类，甚至替代人类。然而，技术风险认知研究所倚重的社会学和心理学研究进路旨在理解技术主体的心理并使其更加理性，换句话说，技术专家和政策制定者希望公众能接受新技术，尽量减少技术抵制的发生，这一点无论是本书中的澳大利亚疫苗事件还是美国三里岛核事件的技术风险认知研究都体现了这个主旨。技术风险让我们关心自己，但是谁来关心我们的自然？这并不是一个空洞的问题，而是实实在在的现实性问题。

人类世的提出证明人类对自然的修造是伴随着几千年的技术使用造就的，人类的警醒需要在危机发生之前，而不是之后，让我们重申技术风险认知的重要性，因为它不仅是对风险的前瞻性认识，更是我们人类发展的共同认识。

参考文献

[1] SLOVIC P.Perception of risk[J].Science,1987,236(4799):280-285.

[2] 崔保国.媒介是条鱼:理解媒介生态学[EB/OL].(2005-06-01)[2022-03-04].http://media.people.com.cn/GB/22100/48805/48806/3433631.html.

[3] 雷德·海斯蒂.不确定世界的理性选择:判断与决策心理学[M].谢晓非,李纾,等译.北京:人民邮电出版社,2013:12.

[4] WINNER L.The whale and the reactor:a search for limits in an age of high technology[M].Chicago:The University of Chicago Press,2010:10.

[5] 马克思,恩格斯.马克思恩格斯文集:第一卷[M].中共中央马克思恩格斯列宁斯大林著作编译局,编译.北京:人民出版社,1991:506.

[6] 巴鲁克·费斯科霍夫,沙拉·利希藤斯坦,保罗·斯诺维克,等.人类可接受风险[M].王红漫,译.北京:北京大学出版社,2009:170.

[7] 让-伊夫·戈菲.技术哲学[M].董茂永,译.北京:商务印书馆,2000:2.

[8] HANSSON S.Ethical criteria of risk acceptance[J].Erkenntnis,2003,59(3):291-309.

[9] VAN D P I.An ethical framework for evaluating experimental technology[J].Science and engineering ethics,2016,22(3):667-686.

[10] 谢晓非,徐联仓.风险认知研究概况及理论框架[J].心理学动态,1995,(2):17-22.

[11] 曾繁旭,戴佳,王宇琦.技术风险 vs 感知风险:传播过程与风险社会放大[J].现代传播(中国传媒大学学报),2015,37(3):40-46.

[12] 刘婧.技术风险认知影响因素探析[J].科学管理研究,2007,(4):56-60.

[13] 毛明芳.现代技术风险的生成与规避研究[D].北京:中共中央党校,2010.

[14] 王娟.影响技术风险认知的社会文化建构因素[J].自然辩证法研究,2013,29(8):92-98.

[15] 余红,张雯.媒体报道如何影响风险感知:以环境风险为例[J].新闻大学,2017(6):113-124.

[16] 邱鸿峰,熊慧.环境风险社会放大的组织传播机制:回顾东山PX 事件[J].新闻与传播研究,2015,22(5):46-57.

[17] 刘岩.“风险社会”三论及其应用价值[J].浙江社会科学,2009(3):64-69.

[18] KATES R W, HOHENEMSER C, KASPERSON J X. Perilous progress: managing the hazards of technology [D]. Worcester, Massachusetts: Clark University, 1985.

[19] ILLICH I, NEMESIS M. The expropriation of health [M]. New York: Pantheon Books, 1976: 270-271.

[20] RICHARD W H. The art of probability for scientists and engineers [J]. Technometrics, 1991, 34(2): 242.

[21] WYNNE B. Uncertainty and environmental learning: reconceiving science and policy in the preventive paradigm [J]. Global environmental change, 1992(2): 111-127.

[22] TVERSKY A, KAHNEMAN D. Rational choice and the framing of decisions [M]. Chicago: University of Chicago Press, 1986: 81-126.

[23] LUCE R D, WEBER E U. An axiomatic theory of conjoint, ex-

pected risk[J]. Journal of mathematical psychology, 1986, 30(2):188-205.

[24] RENN O, BURNS W J, KASPERSON J X, et al. The social amplification of risk: theoretical foundations and empirical applications[J]. Journal of social issues, 1992, 48(4):137-160.

[25] ALHAKAMI A S, SLOVIC P. A psychological study of the inverse relationship between perceived risk and perceived benefit [J]. Risk analysis, 1994, 14(6):1085-1096.

[26] 马丁·海德格尔.演讲与论文集[M].孙周兴,译.北京:生活·读书·新知三联书店,2005:4.

[27] McCARTHY J, WRIGHT P. Technology as experience[J]. Interactions, 2004, 11(5):42-43.

[28] 肖峰.信息技术哲学[M].广州:华南理工大学出版社,2016:108.

[29] SCHEER J, WILLIAM A H. Principles of modern radar[M]. New York: SciTech Pub, 2010:15-71.

[30] 格尔德·吉仁泽.风险与好的决策[M].王晋,译.北京:中信出版社,2015:33.

[31] HEIDEGGER M. Building dwelling thinking[J]. Visual Culture: Critical Concepts in Media and Cultural Studies, 1951(3):68.

[32] PURVES D, WOJTACH W T, LOTTO R B. Understanding vision in wholly empirical terms[J]. Proceedings of the national academy of sciences, 2011, 108(3):15588-15595.

[33] 黑格尔.黑格尔全集[M].梁志学,译.北京:商务印书馆,2012.

[34] 胡塞尔.现象学的方法[M].倪梁康,译.上海:上海译文出版社,2005:703-704.

[35] HAIDT J. The righteous mind: why good people are divided by politics and religion[M]. New York: Pantheon, 2012:190.

[36] BOEHM C. Moral origins: the evolution of virtue, altruism, and shame[M]. New York: Soft Skull Press, 2012:52.

[37] STIEGLER B. Escaping the anthropocene[J]. The crisis conun-

drum,2017:149-163.

[38] 威廉·莱斯.自然的控制[M].岳长岭,译.重庆:重庆出版社,2007:98.

[39] 赵青新.600万年人类历史如何预示未来[N].新华日报,2018-09-14(16).

[40] 罗伯特·L.凯利.第五次开始[M].徐坚,译.北京:中信出版社,2018:2174.

[41] 布莱恩·阿瑟.技术的本质[M].曹东溟,王健,译.杭州:浙江人民出版社,2014:362.

[42] PAUL C,SCHWÄGERL C.Living in the anthropocene:toward a new global ethos[EB/OL].(2016-10-20)[2022-03-10].http://e360.yale.edu/feature/living_in_the_Anthropocene_toward_a_new_global_ethos/2363/.

[43] BASKIN J.Paradigm dressed as epoch:the ideology of the anthropocene[J].Environmental values,2015,24(1):9-29.

[44] KRANZBERG M.Ethics in an age of pervasive technology[M].Colorado:Westview Press,2019:121.

[45] ELLUL J.The technological society[M].New York:Vintage Books,1964:146.

[46] BERTHON P,DONNELLAN B.The greening of IT:paradox or promise?[J].The journal of strategic information systems,2011,20(1):3-5.

[47] GEHLEN A,REHBERG K S.Man:his nature and place in the world[M].New York:Columbia University Press,1988:78.

[48] 张灏.张灏自选集[M].上海:上海教育出版社,2002:304.

[49] LIGHT P,BUTTERWORTH G.Context and cognition:ways of learning and knowing[M].Hillsdale,New Jersey:Routledge,1992:117.

[50] 让-加布里埃尔·加纳西亚.人工智能:神话与现实[J].信使,2018(3):5.

[51] ERIC D.Homo sapiens 2.0:why we should build the better robots

of our nature[J].Journal of experimental and theoretical artificial intelligence,2001,13(4):323-328.

[52] FORSYTH D. A taxonomy of ethical ideologies[J]. Journal of personality and social psychology,1980,39(1):175-184.

[53] PICARD R. Affective computing[M]. Cambridge: MIT Press, 1997.

[54] WINFIELD A. Ethical standards in robotics and AI[J]. Nature, 2019(2):46-48.

[55] BODEN M, BRYSON J, GALDWELL D, et al. Principles of robotics: regulating robots in the real world[J]. Connection science, 2017, 29(2):124-129.

[56] 为什么另类右翼热爱尼采和海德格尔? [EB/OL].(2019-07-06) [2022-03-10]. https://baijiahao. baidu. com/s? id = 1638302519039794820&wfr=spider&for=pc.

[57] KLUGER J, SHARPLES T, SILVER A. What makes us moral [J].Time,2019(1):10.

[58] 查尔斯·皮尔士.皮尔士论符号[M].徐鹏,译.上海:上海译文出版社,2017.

[59] 侯世达:我讨厌“人工智能”这个词,因为它们没有智能[EB/OL].(2019-03-06)[2022-03-10].http://dy.163.com/v2/article/detail/E9K0H7IL05118OGM.html.

[60] VINCENT J. Pretending to give a robot citizenship helps no one [J].The verge,2017(10):30.

[61] DAMIAN L, DUMOUCHEL P. Anthropomorphism in human-robot co-evolution[J].Frontiers in psychology,2018(9):468.

[62] WALLACH W, ALLEN C. Moral machines: teaching robots right from wrong[M].Oxford:Oxford University Press,2010.

[63] DISALVO C F, GEMPERLE F, FORLIZZIL J, et al. Proceedings of the conference on designing interactive systems: processes, practices, methods and techniques[C].London:ACM,2002.

[64] WILK Y. Close engagements with artificial companions: key so-

cial, psychological, ethical and design issues [M]. Amsterdam: John Benjamins Publishing Company, 2010.

[65] EXECUTIVE OFFICE OF THE PRESIDENT OF THE UNITED STATES. Networking and information technology research and development subcommittee: the national artificial intelligence research and development strategic plan[EB/OL]. (2019-12-23)[2022-03-11]. https://www.nitrd.gov/PUBS/national_ai_rd_strategic_plan.pdf.

[66] 张尕.机器互为关系重定“生态”概念[N].艺术周刊,2018-12-28(B7).

[67] 爱德华・威尔逊.创造的本源[M].魏薇,译.杭州:浙江人民出版社,2018.

[68] JEROME R. Animal morality: is it real? [J]. Time, 2019(1): 60-63.

[69] BROSNAN S F. An evolutionary perspective on morality[J]. Journal of economic behavior and organization, 2011, 77(1): 23-30.

[70] SINGER P. A companion to ethics[M]. Hoboken: John Wiley and Sons, 2013.

[71] BOJARSKI T. Samantha's dilemma: a look into a life with AI [D]. New York: Rochester Institute of Technology, 2014.

[72] 达尔文.人类的由来及性选择[M].叶笃庄,杨习之,译.北京:科学出版社,1982.

[73] DUFFY B R. Anthropomorphism and the social robot[J]. Robotics and autonomous systems, 2003, 42(3/4): 177-190.

[74] THE IEEE GLOBAL INITIATIVE ON ETHICS OF AUTONOMOUS AND INTELLIGENT SYSTEMS. Ethically aligned design: a vision for prioritizing human well-being with autonomous and intelligent systems, version 2. IEEE[EB/OL]. (2017-12-12)[2022-03-12]. http://standards.ieee.org/develop/indconn/ec/autonomous_systems.html.

[75] 陈凡,徐旭.当代人工智能伦理设计的困境和超越[J].华中科技大学学报(社会科学版),2020,34(05):5.
[76] 费希特.伦理学体系[M].梁志学,译.北京:商务印书馆,2010.
[77] 路德维希·安德里亚·费尔巴哈.未来哲学原理[M].洪谦,译.北京:生活·读书·新知三联书店,1955:9.
[78] MITCHAM C.What is the philosophy of technology? [J].International philosophical quarterly,1985,25(1):73-88.
[79] MUMFORD L.The myth of the machine:the pentagon of power [M].New York:Harcourt Brace Jovanovich,1967:190-366.
[80] 汉斯·莱纳·塞普,尹兆坤.借剥夺(Ent-eignung)以获得(Aneignung):现象学还原的悖论[J].中国现象学与哲学评论,2018(1):280-300.
[81] 对话孙周兴:自然被人类技术化的限度何在? [N].书评周刊·访谈,2018-12-01(B06-B07).
[82] MARTIN H.What is metaphysics? [M].Cambridge:Cambridge University Press,1998:82-96.
[83] ELLUL J.The power of technique and the ethics of non-power [J].The myths of information:technology and postindustrial culture,1980:242-247.
[84] 洛克.人类理智论[M].陈修斋,译.北京:商务印书馆,1960.
[85] BAUDRILLARD J. The perfect crime[M]. New York: Verso, 1995:55.
[86] ANDERSON P V,BROCKMAN J R,MILLER C R.New essays in technical and scientific communication:research,theory,practice[M].New York:Routledge,2019:15.
[87] WOLFE C.What is posthumanism? [M].Chicago:University of Minnesota Press,2010:16.
[88] 马克·奥康奈尔.最后一个人类[M].郭雪,译.杭州:浙江人民出版社,2019:36.
[89] MICELI R,SOTGIU I,SETTANNI M.Disaster preparedness and perception of flood risk:a study in an alpine valley in Italy[J].

Journal of environmental psychology, 2008, 28: 164-173.

[90] RENN O. Risk governance: coping with uncertainty in a complex world[M]. London: Earthscan, 2008: 81.

[91] KUSEV P, SCHAIK P, AYTON P, et al. Exaggerated risk: prospect theory and probability weighting in risky choice[J]. Journal of experimental psychology: learning, memory, and cognition, 2009, 35(6): 1487.

[92] CLARK A. Whatever next? Predictive brains, situated agents, and the future of cognitive science[J]. Behavioral and brain sciences, 2013, 36(3): 181-204.

[93] HOHWY J, ROEPSTORFF A, FRISTON K. Predictive coding explains binocular rivalry: an epistemological review[J]. Cognition, 2008, 108(3): 687-701.

[94] LUPYAN G. Cognitive penetrability of perception in the age of prediction: predictive systems are penetrable systems[J]. Review of philosophy and psychology, 2015, 6(4): 547-569.

[95] 迈克尔·波兰尼.个人知识:迈向后批判哲学[M].许泽民,译.贵阳:贵州人民出版社,2000:71.

[96] PYLYSHYN Z. Is vision continuous with cognition? The case for cognitive impenetrability of visual perception[J]. Behavioral and brain sciences, 1999, 22(3): 341-365.

[97] STOKES D. Perceiving and desiring: a new look at the cognitive penetrability of experience[J]. Philosophical studies, 2012, 158(3): 479-492.

[98] STOKES D. Towards a consequentialist understanding of cognitive penetration[M]. Oxford: Oxford University Press, 2015: 17.

[99] 韩建磊.论“器物教化”[J].燕山大学学报(哲学社会科学版),2021,22(6):52-58.

[100] RENN O, BENIGHAUS C. Perception of technological risk: insights from research and lessons for risk communication and management[J]. Journal of risk research, 2012, 16(3/4): 293-

313.

[101] VAN ULZEN N, SEMIN G, OUDEJANS R, et al. Affective stimulus properties influence size perception and the Ebbinghaus illusion[J].Psychological research,2008,72(3):304-310.

[102] STOKES D.Cognitive penetrability of perception[J].Philosophy compass,2013,8(7):646-663.

[103] GENDLER T,HAWTHORNE J.Perceptual experience[M].Oxford:Oxford University Press,2006:150.

[104] BACH F W,WINZER P,SCHNIEDER E.Sicherheitsforschung: chancen und perspektiven[M].Berlin:Springer-Verlag,2010: 207-220.

[105] HU K,PADMALA S,PESSOA L.Interactions between reward and threat during visual processing[J]. Neuropsychologia, 2013,51(9):1763-1772.

[106] DESIMONE R,DUNCAN J.Neural mechanisms of selective visual attention[J].Annual review of neuroscience, 1995, 18 (1):193-222.

[107] SHAPIRA Z.Risk taking: A managerial perspective[M].New York:Russell Sage Foundation.1995:172.

[108] 荣格.心理学与文学[M].冯川,苏克,译.南京:译林出版社, 2014:15.

[109] C. 麦金.意识问题[M].吴杨义,译.北京:商务印书馆 ,2015: 78.

[110] SWELLER J.Cognitive load during problem solving:effects on learning[J].Cognitive science,1988,12(2):257-285.

[111] MILLER G A.The magical number seven,plus or minus two: some limits on our capacity for processing information[J].Psychological review,1956,63(2):81-97.

[112] PAVIO A.Mental representations:a dual coding approach[M]. New York:Oxford University Press,1986:166.

[113] POPPER K,ECCLES J C.The self and the brain:an argument

for interactionism[M].London:Routledge,1997:379.

[114] ROBERT G,JOSHUA L,DAVID L.Fitting perception in and to cognition[J].Cognition,2015(135):24-29.

[115] SLOVIC P,FISCHHOFF B,LICHTENSTEIN S.Why study risk perception? [J].Risk analysis,1982,2(2):83-93.

[116] TSJALLING S,KATINKA W.Designing a good life:a matrix for the technological mediation of morality[J].Science and engineering ethics,2012(18):157-172.

[117] 李伯聪.略论科学技术的社会形象和对科学技术的社会态度[J].自然辩证法研究,1988(4):29-36.

[118] DERKS B,SCHEEPERS D,LAAR C V,et al.The threat vs. challenge of car parking for women:how self and group affirmation affect cardiovascular responses[J].Journal of experimental social psychology,2011,47(1):178-183.

[119] HOLY-LUCZAJ M,BLOK V.How to deal with hybrids in the anthropocene? Towards a philosophy of technology and environmental philosophy 2.0[J].Environmental values,2019,28(3):325-345.

[120] 陈凡.技术社会化引论[M].北京:中国人民大学出版社,1994:3-9.

[121] 吉本斯,利摩日,斯科特,等.知识生产的新模式:当代社会科学与研究的动力学[M].陈洪捷,沈文钦,等译.北京:北京大学出版社,2011:23-49.

[122] 李天铎.技术社会学新问题域的形成[J].管理科学文摘,1999(3):44.

[123] VERBEEK P P.Materializing morality[J].Sage publications,2011(7):361-377.

[124] 汉娜·阿伦特,陶东风.文化的危机:社会的和政治的意义[J].国外理论动态,2011(10):81-95.

[125] 林秀梅.试论传播媒介人文精神的建立[J].新闻知识,2009(10):24-26.

[126] 查尔斯·辛格,E. J. 霍姆亚德,A. R. 霍尔.技术史[M].王前,孙希忠,译.上海:上海科技教育出版社,2004.

[127] MORGEN M G, FISCHHOFF B, BOSTROM A, et al. Risk communication: a mental models approach [M]. Cambridge: Cambridge University Press, 2002:30-57.

[128] POSTMAN N. Amusing ourselves to death[M]. New York: Vintage Books, 1993:50-101.

[129] POSTMAN N. Technopoly[M]. London: Penguin Books, 2006: 42-55.

[130] ONG W J. Orality and literacy[M]. Toronto: University of Toronto Press, 2011:16.

[131] EDGE D. Technological metaphor and social control[J]. New literary history, 1974, 6(1):1-17.

[132] 埃里克·麦克卢汉,弗兰克·秦格龙.麦克卢汉精粹[M].何道宽,译.南京:南京大学出版社,2000:222.

[133] WILLIAMS D J, NOYES J M. How does our perception of risk influence decision-making? Implications for the design of risk information[J]. Theoretical issues in ergonomics science, 2007, 8(1):1-35.

[134] COLE M M, COLE S R. The development of children[M]. San Francisco: Freeman, 1989:31.

[135] SPERBER D, WILSON D. Relevance: communication and cognition[M]. Cambridge: Harvard University Press, 1986:15,73.

[136] 鲍国玉.认知隐喻与维特根斯坦的语言哲学[C]//福建省外国语文学会2008年年会论文集.福建省外国语文学会,2008:6.

[137] 斯蒂芬·李特约翰.人类传播理论[M].史安斌,译.北京:清华大学出版社,2009:281.

[138] STEPHEN W L, KAREN A F. Theories of human communication[M]. Long Grove: Waveland Press, 2017:17.

[139] 迈克尔·波兰尼.科学、信仰与社会[M].王靖华,译.南京:南

京大学出版社,2004:12.

[140] C. 赖特·米尔斯.社会学的想像力[M].陈强,张永强,译.北京:生活·读书·新知三联书店,2005:53.

[141] FAUCONNIER G,TURNER M.The way we think:conceptual blending and the mind' s hidden complexities[M].New York:Basic Books,2008:312-331.

[142] WACHINGER G,RENN O,BEGG C,et al.The risk perception paradox:implications for governance and communication of natural hazards[J].Risk analysis,2013,33(6):1049-1065.

[143] FISCHHOFF B.Risk analysis and human behavior[M].London:Taylor and Francis Publishment,2012:124.

[144] DIGMAYER C,TREVISAN B,JAKOBS E M.Medusa and pandora meet the web 2.0:how risk types influence the communication in social media[C]//Proc.Int.Professional Communication Conference.Limerick,2015:1-8.

[145] FISCHHOFF B.Risk perception and communication unplugged:twenty years of process[J].Risk analysis,1995,15(2):137-145.

[146] 达米特.形而上学的逻辑基础[M].任晓明,李国山,等译.北京:中国人民大学出版社,2004:54.

[147] RENN O,BENIGHAUS C.Perception of technological risk:insights from research and lessons for risk communication and management[J].Journal of risk research,2013(16):293-313.

[148] BOHNENBLUST H,SLOVIC P.Integrating technical analysis and public values in risk-based decision-making[J].Reliability engineering and system,1998(59):151-159.

[149] POSTMAN N.Five things we need to know about technological change[EB/OL].(1998-03-28)[2022-03-04].http://www.sdca.org/sermons_mp3/2012/121229_postman_5Things.pdf.

[150] MERCHANT C.The scientific revolution and the death of na-

ture[J].Isis-A journal of the history of science society,2006(97):513-533.

[151] LEVIN P,SNYDER A,CHAPMAN P.The interaction of experiential and situational factors and gender in a simulated risky:decision-making task[J].The journal of psychology,1988(122):173-181.

[152] CUTTER S, TIEFENBACHER J, SOLECKI W. Engendered fears:femininity and technological risk perception[J].Industrial crisis quarterly,1992(6):5-22.

[153] PERROW C.Normal accidents:living with high risk technologies[M].New York:Basic Books,1984:73.

[154] TVERSKY A,KAHNEMAN D.The framing of decisions and the psychology of choice[J].Science,1981,211(4481):453-458.

[155] IRWIN A,WYNNE B.Misunderstanding science? The public reconstruction of science and technology[M].Cambridge:Cambridge University Press,1996:5.

[156] OTWAY H,WINTERFELDT D.Expert judgment in risk analysis and management:process,context and pitfalls[J].Risk analysis,1992(12):83-93.

[157] HOBSON K.Sustainable lifestyles:rethinking barriers and behaviour change, exploring sustainable consumption:environmental policy and the social sciences[M].Oxford:Pergamon-Elsevier,2001:184.

[158] 时蓉华.社会心理学词典[M].成都:四川人民出版社,1988.

[159] ARISTOTLE.The art of rhetoric[M].London:Penguin,1991:167.

[160] 列宁.列宁全集:第 20 卷[M].中共中央马克思恩格斯列宁斯大林著作编译局,编译.北京:人民出版社,1958:13.

[161] CLORE G L,HUNTSINGER J R.How emotions inform judgment and regulate thought[J].Trends in cognitive sciences,

2007(9):393-399.

[162] 范丙申,薛平.自然语言与话语主体的逻辑[J].哲学分析,2016,7(2):81-86.

[163] ARNOULD-BLOOMFIELD E.Posthuman compassion[J].Publish of modern language association,2015,130(5):1467-1475.

[164] VIRGO J,PILLON J,NAVARRO J,et al.Are you sure you're faster when using a cognitive tool? [J].American journal of psychology,2017,130(4):493-503.

[165] GORDIJIN B,CHADWICK R.Medical enhancement and posthumanity[M].Berlin:Springer,2008:43.

[166] ARMONY J.Affective computing[J].Trends in cognitive sciences,1998(2):270.

[167] TODD S B,MARIE K K,KIMBERLY S.Mechanisms of motivation-cognition interaction:challenges and opportunities[J].Cognitive,affective,and behavioral neuroscience,2014,14(2):443.

[168] MORE M,et al.The transhumanist reader:classical and contemporary essays on the science,technology,and philosophy of the human future[M].New Jersey:Wiley Blackwell,2013:32.

[169] COECKELBERG M.Human being@ risk:enhancement,technology,and the evaluation of vulnerability transformations[M].Heidelberg:Springer,2013:55.

[170] TIBALDEO R F.The heuristics of fear:can the ambivalence of fear teach us anything in the technological age? [J].Ethics in progress,2015,6(1):225-238.

[171] ROESER S.Risk,technology,and moral emotions[M].New York:Routledge,2017:127.

[172] JENNIFER S L,ROXANA M G,DEBORAH A S,et al.Effects of fear and anger on perceived risks of terrorism:a national field experiment[J].Psychological science,2003,14(2):144-150.

[173] BICHARD E,KAZMIERCZAK A.Are homeowners willing to

adapt to and mitigate the effects of climate change? [J]. Climate change, 2012, 112(3/4): 633-654.

[174] JONAS H. The imperative of responsibility: in search of an ethics for the technological age[M]. Chicago: University of Chicago Press, 1984: 129-130.

[175] KACZYNSKI T. Industrial society and its future[N]. The Washington Post, 1995-09-19.

[176] SERVEN L B. Planning to win: the best way to predict the future[J]. Journal of Corporate Accounting & Finance, 2005, 16(3): 31-35.

[177] PHILIP B. Heymann of Harvard Law School, quoted by Anthony Lewis[N]. New York Times, 1995-04-21.

[178] GARDENFORS P. Is there anything we should not want to know? [M]. Amsterdam: Elsevier, 1989: 63-78.

[179] WACHINGER G, RENN O, BEGG C, et al. The risk perception paradox: implications for governance and communication of natural hazards[J]. Risk analysis, 2013, 33(6): 1049-1065.

[180] R. K. 默顿.十七世纪英格兰的科学技术与社会[M].范岱年,等译.北京:商务印书馆,2007:239.

[181] 田松.稻香园新笔之六:科学的技术到底满足了谁的需求[J].博览群书,2008(7):50-53.

[182] 尼克·皮金,罗杰·E. 卡斯帕森,保罗·斯洛维奇.风险的社会放大[M].谭宏凯,译.北京:中国劳动社会保障出版社,2016:51-52.

[183] JASANOFF S. Technologies of humility: citizen participation in governing science[J]. Minerva, 2003, 41(3): 223-244.

[184] HABERMAS J. The future of human nature[M]. Malden: Blackwell Publishing, 2003: 12.

[185] BERNARD R. Security technology convergence insights[M]. Amsterdam: Elsevier, 2015.

[186] MCKIBBEN B. Enough: staying human in an engineered age

[M].New York:Times Books,2003:174.

[187] GOLDMAN A I.Expert:which one should you trust? [J].Philosophy and phenomenological research,2001,63(1):85-110.

[188] SERRES M.Malfeasance:appropriation through pollution[M].Stanford:Stanford University Press,2011:45.

[189] SERRES M.Angels:a modern myth[M].Paris:Flammarion,1995:48-60.

[190] BARKER T.Media ecology in michel serres's philosophy of communication[J].Techne:research in philosophy and technology,2015,19(1):50-68.

[191] 于尔根·哈贝马斯.现代性的哲学话语[M].曹卫东,译.南京:译林出版社,2011:19.

[192] MIYAKE A,FRIEDMAN N P,RETTINGER D A,et al.How are visuospatial working memory,executive functioning,and spatial abilities related? A latent-variable analysis[J].Journal of experimental psychology:general,2001,130(4):621.

[193] MARR D,VAINA L.Representation and recognition of the movements of shapes [J]. Biological sciences, 1982, 214(1197):501-524.

[194] MATURANA H R,VARELA F J.The tree of knowledge:the biological roots of human understanding[M].Boston:Shambhala Publications,1987:376.

[195] AARTS E,HOLSTEIN M,COOLS R.Striatal dopamine and the interface between motivation and cognition[J].Frontiers in psychology,2011,2:163.

[196] BIJLEVELD E,CUSTERS R,AARTS H.Human reward pursuit:from rudimentary to higher-level functions[J].Current directions in psychological science,2012,21(3):194-199.

[197] BERRIDGE K C,ROBINSON T E.Parsing reward[J].Trends in neurosciences,2003,26(9):507-513.

[198] BOTIVINICK M,BRAVER T.Motivation and cognitive con-

trol:from behavior to neural mechanism[J].Annual review of psychology,2015,66:83-113.

[199] RUDOLF C.The logical structure of the world and pseudoproblems in philosophy[M].Chicago:Open Court,2003:XVII.

[200] DAMASIO A R.Descartes' error:emotion,reason,and the human brain[M].New York:Putnam Books,1994:78.

[201] RONALD D S.The rationality of emotion[M].Cambridge:The MIT Press,1987:197-201.

[202] KOCHAN J.Reason,emotion,and the context distinction[J].Philosophia scientiae,2015,19(1):35-43.

[203] PAUL T.Coherence in thought and action[M].Cambridge:The MIT Press,2000:214.

[204] BRAVER T S,KRUG M K,CHIEW K S,et al.Mechanisms of motivation-cognition interaction: challenges and opportunities [J].Cognitive,Affective,and behavioral neuroscience,2014,14(2):443-472.

[205] GROSS J J.Emotion regulation:affective,cognitive,and social consequences[J].Psychophysiology,2002,39(3):281-291.

[206] NHS.Health promotion England[R].MMR the Facts.London:NHS,2001.

[207] SCHULTE I,HART D ,VAN DER VORST.Issues affecting the acceptance of hydrogen fuel[J].International journal of hydrogen energy,2004,9(7):677-685.

[208] COWELL R,BRISTOW G,MUNDAY M.Acceptance,acceptability and environmental justice:the role of community benefits in wind energy development[J].Journal of environment planning and management,2011,54(4):539-557.

[209] OOSTERLAKEN I.Applying Value Sensitive Design(VSD) to wind turbines and wind parks:an exploration[J].Science and engineering ethics,2015,21(2):359-379.

[210] OLIVEIRA T,MARTINS M F.Literature review of information

technology adoption models at firm level[J].Electronic journal of information systems evaluation,2011,14(1):110.

[211] KROES P A,PESTRE D.Companion encyclopedia of science in the twentieth century[M].London:Routledge,2013:138-139.

[212] KROES P,MEIJERS A.The empirical turn in the philosophy of technology [M]. Amsterdam: Emerald Publishing Limited, 2000:9-11.

[213] 程昭,高俊华.对哈贝马斯理性重构的解读[J].长春工程学院学报(社会科学版),2006(4):9-11.

[214] LATOUR B.Why has critique run out of stream? From matter of fact to matter of concern[J].Critique inquiry,2004(30):225-248.

[215] 弗里德里希·卡普.分析的技术哲学[M].刘武,等译.沈阳:辽宁科学技术出版社,1986.

[216] 贝尔纳·斯蒂格勒.技术与时间:爱比米修斯的过失[M].裴程,译.南京:译林出版社,1999:2.

[217] WEISER M.The computer for the 21st century[J].IEEE pervasive computing,2002,1(1):19-25.

[218] 谭峥.算法文化下的新物质性[J].时代建筑,2013(2):9.

[219] 何怀宏.伦理学是什么[M].北京:北京大学出版社,2002.

[220] 伽达默尔.真理与方法[M].洪汉鼎,译.北京:商务印书馆,2007:6.

[221] 海德格尔.存在与时间[M].陈嘉映,王庆节,译.北京:生活·读书·新知三联书店,2006:7-21.

[222] 维特根斯坦.逻辑哲学论[M].郭英,译.北京:商务印书馆,1985:4.

[223] HEIDEGGER M. From poetry, language, thought [M]. New York:Harper Colophon Books,1971:13-17.

[224] 乔斯坦·贾德.苏菲的世界[M].萧宝森,译.北京:作家出版社,1999.

[225] 康德.纯粹理性批判[M].李秋零,译.北京:中国人民大学出版

社,2011:23-71.

[226] FOGG B J.Persuasion technology:using computers to change what we think and do[M].New York:Morgan Kaufmann Publishers,2003:16.

[227] TURKLE S.Alone together:why we expect more from technology and less from each other[M].Now York:Basic Books,2010:7-42.

[228] 向玉乔.西方元伦理学的三个基本问题[J].伦理学研究,2004(5):43-48.

[229] 尤瓦尔·赫拉利.今日简史[M].林俊宏,译,北京:中信出版社,2018:14-151.

[230] E. 策勒尔.古希腊哲学史纲[M].翁绍军,译.济南:山东人民出版社,1996:3.

[231] ARTURO SANGALLI,吴琦.从思维规律到计算机逻辑[J].世界科学,1991(7):9-11.

[232] 刘晓力.人工智能的逻辑极限[J].哲学动态,2001(增刊):22-25.

[233] MITCHELL T M.Machine learning[M].New York:McGraw-Hill Science/Engineering/Math,1997.

[234] WILLIAM T,MAZZARELLA S.Book review:the perception of the environment:essays on livelihood,dwelling and skill[J].Mind,culture,and activity,2009(11):150-157.

[235] SWIERSTRA T,WAELBERS K.Designing a good life:a matrix for the technological mediation of morality[J].Science and engineering,2012(18):157-172.

[236] 陈赟.困境中的中国现代性意识[M].上海:华东师范大学出版社,2004:2.

后　记

本书是笔者在博士学位论文的基础上修改而成的。确切地讲，本书不仅倾注了笔者数年的研究心血，而且对笔者而言是一次难忘的挑战。困难首先来自技术风险认知在国内研究的匮乏及国外研究的停滞。正如我们在书中所见，技术风险认知的研究历经了社会学和心理学，而在哲学领域的文献和著作凤毛麟角（直至近年来才出现诸如汉森及鲁普顿等学者）。这样的研究环境注定了本书的撰写要在摸索中完成。

困难之二来自此书所涉及的丰富领域。笔者对于技术风险认知的研究始于雷恩教授的风险管理学研究，之后又在此基础上阅读了风险社会、风险传播、风险心理学等相关领域的研究文献，除此以外，对于技术社会学、技术哲学、技术现象学等学科的深入学习也随着本书的撰写而不断进行着。因此，为了本书的面世，笔者不可能将目光仅限于技术风险或者风险认知，而是试图通过多学科的交叉融合将技术风险认知置于社会、人类、自然、存在等多话题的研究当中去。

不过本书的完成让笔者也完成了一场意识的冒险之旅，多年来的学习和研究让本书在某些观点上为该领域的研究做出了少许贡献，但笔者绝对不敢妄自臧否这本书，唯愿诸位读者多提意见。

徐　旭

2022 年 8 月